KB201525

「그리스도의 성육신과 신인성」
교리 관점에서의
서사라 목사의 신학사상 평가

[부제 : 개인이나 단체에 대한 '신학사상'을 평가·검증하는 준거(準據)는 무엇인가?]

A Study on the Rev. Sarah Seoh's Theological Thoughts
from the Perspective of the Doctrine of Incarnation & Diety of
Christ

지은이 서 영곤 박사

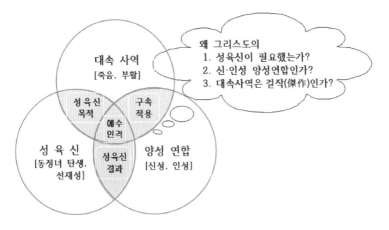

[그리스도의 성육신-신인양성연합-십자가 대속사역 교리간의 관계도]

발 간 사

강영철 목사(Ph.D.)
(서울 동노회 노회장)

서사라 목사의'천국과 지옥 간증 수기'는 신학 가운데 가장 기대하는 곳까지 성도를 인도해 주며 서사라 목사는 신앙을 점검할 수 있게 해 주는 특별한 은사를 갖고 있습니다.

그는 대한예수교장로회 대신총회 서울동노회 주님의사랑교회 담임목사이며 교단의 신학을 존중하며 따르기로 고백하여 절차를 거쳐 가입하였습니다.

천국·지옥 영적 체험의 간증 수기는 하나님의 다양성이며 무한성으로 하나님의 일하시는 현장이며 객관성을 띠기 위하여 그 체험이 성경적이어야 하며 또한 신학적으로 옳고 그름의 판단도 필요하지만, 이 모든 것이 하나님의 영광을 위하여 이루어져야 합니다.

천국과 지옥에 대한 간증과 그의 성경해석이 정통 기독교회의 주장과 일치하는지 국내외 유명한 신학자들의 간담회 및 논문 발표회 세미나를 통하여 서사라 목사의 신학사상에 대해 여러 가지 의견을 나누며, 계속해서 보완했습니다.

특히 금년에 기독교 8대 핵심교리 중 기독론의 중심 교리인『그리스도의 성육신과 신인양성 교리 관점에서의 서사라 목사의 신학사상 평가』라는 제목으로 발간된 논문 서책은 서 목사의 간증저서와 그의 성경해석을 조직신학적으로 평가하는데 초점이 맞추어졌습니다.

특별히 서울동노회는;

"서사라 목사는 성경 66권을 하나님의 정확 무오(無誤)한 말씀임을 믿는다.

서사라 목사는 유일하신 삼위일체 하나님을 믿는다. 서사라 목사가 본 천국과 지옥에 대한 간증은 하나님이 한 개인에게 보여준 것으로, 성경의 계시를 이해하는 데 도움을 준다. 성경에 묘사되지 않는 천국 지옥에 대한 서사라 목사의 증거는 개인의 체험으로서 많은 사람을 회개시켜 구원받게 하는 데 목적이 있다. 서사라 목사는 자기가 본 내용을 절대화하지 않는다. 그 이유는 하나님은 어떤 사람에게 새로운 것을 보여주실 때 각 사람은 사와 세계관을 고려하시기 때문이다. 서사라 목사는 자신이 본 천국과 지옥을 하나님의 말씀을 증거하는 도움 자료로 사용할 뿐이다. 서사라 목사의 천국과 지옥에 대한 간증과 그의 성경해석에 관한 내용은 필요할 경우 공개적인 학술적인 논의 대상으로 삼을 것이다."

라는 선언문을 채택하였습니다.

끝으로 하나님의 다양성이며 무한성으로 하나님의 일하시는 현장이며 객관성을 띠기 위하여 성경과 신학적으로 정리 해 주신 교수님들과 서울 동노회 신학위원회에 감사를 돌리며 모든 것을 하나님께 영광을 드립니다.

2022년 9월 20일

추 천 사

구문회 목사
(예장대신교단 증경총회장)

"나의 달려갈 길과 주 예수께 받은 사명 곧 하나님의 은혜의 복음 증거하는 일을 마치려 함에는 나의 생명을 조금도 귀한 것으로 여기지 아니하노라"(행 20:24).

사도 바울은 하나님의 은혜의 복음을 전하는 일을 마치려 함에는 그의 생명을 조금도 귀한 것으로 생각하지 않았다. 사도 바울은 빌립보서 3장에서 "7그러나 무엇이든지 내게 유익하던 것을 내가 그리스도를 위하여 다 해로 여길뿐더러 8또한 모든 것을 해로 여김은 내 주 그리스도 예수를 아는 지식이 가장 고상함을 인함이라 내가 그를 위하여 모든 것을 잃어버리고 배설물로 여김은 그리스도를 얻고 그러나 무엇이든지 내게 유익하던 것을 내가 그리스도를 위하여 다 해로 여길뿐더러 예수 그리스도를 아는 지식이 가장 고상하다"고 하였고 그는 이것을 얻기 위하여 다른 모든 것들은 배설물로 여긴다고 했다.

사도 바울은 이 지상에 있을 때에 천상인 삼층천을 다녀온 사람이다. 이렇듯이 서사라 목사님도 사도 바울 선생과 같이 세상적으로는 많은 학문을 공부하였으나 하나님께서 부르셔서 지금까지 오직 그 나라와 그의 의를 구하면서 달려온 인생이다. 그러한 가운데 하나님께서 은혜로 천국과 지옥을 보게 하여 주셔서 천국지옥 간증수기 8권을 성경을 바탕으로 써내었다. 특별히 서사라 목사는 그의 간증 수기 전체를 통하여 주님 다시 오심을 대비하여 우리가 철저한 회개로 예복을 입고 기름등불을 준비하고 있어야 한다고 강조하고 있으며 또한 특히 이 마지막 시대에는 계시록 7장에서 나오는 하나님의 종들의 이마에 하나님의 인을 맞아야 첫째부활에 들어간다고 강조하고 있다. 또한 서 목사님은 크리스천이면서 신앙생활을 잘못하면 성(城)밖으로 쫓겨난다(계22:14-15)는 사실을 말하고 있으며 믿음으로 구원을 받은 후에 하나님의 말씀으로 잘 살아야 성안으로 들어간다고 전하고 있다.

이에 대하여 2020년에 국내 유수 신학자들이 대거 참가하여 서사라 목사의 8권의 저서에 대한 신학포럼을 열고 각자 발표한 주제에 대하여 『성경해석의 새 지평』이라는 연구논문집을 출간하였는데 그들의 한결같은 결론은 서사라 목사님은 하나님 앞에 참으로 충성된 종이며 그의 간증수기들은 지극히 성경적이라는 것이었다.

이후 작년부터 유명한 신학 교수들이 '기독교 8대 핵심교리'를 기반으로 서사라 목사의 신학사상을 검증하기 시작했는데, 금년에도 '그리스도의 성육신과 신인양성 교리' 관점에서의 『서사라 목사의 신학사상 평가』라는 책이 나오게 되었다. 이 책은 서 목사의 간증저서(8권)에 적용된 기독론의 핵심교리 두 가지(성육신과 신인양성)를 분석하여 서사라 목사의 신학사상을 평가·검증한 특이한 논문형식의 서책이다. 이는 현존 신학에 신선한 도전과 어떤 대상에 대한 신학적 평가방법의 발전에 선한 영향력을 미치게 될 것임을 확신하면서 성숙한 신앙을 추구하는 평신도와 신학생들에게 강력히 추천하는 바이다.

2022년 9월 20일

추 천 사

강문호 목사
(충주 봉쇄수도원 원장)

축하합니다.

서사라 목사님에 관련된 책이 출판됩니다. 서사라 목사님이 저술한 책이 아니라 서 목사님의 '신학사상에 대한 일종의 평가서'입니다. 그것도 기독교의 핵심교리 중 기독론의 중심 교리, '그리스도의 성육신과 신인양성연합' 교리의 잣대로 서 목사님을 검증한 논문입니다.

큰 나무는 바람 잘 날이 없습니다. 반대로 바람 잘 날이 없는 나무는 큰 나무입니다. 서 목사님을 좋아하는 사람은 생명 걸고 좋아합니다. 서 목사님이 바람을 많이 타는 것은 큰 나무라는 증거입니다. 싫어하는 사람은 극단적으로 부정적인 평가를 합니다. 나는 가까이에서 서 목사님을 보아왔습니다. 그에 대하여 나는 이런 생각을 합니다.

1. 서 목사님은 성경의 사람입니다.

성경 66권 전체를 정확무오한 하나님의 말씀으로 고백하고 있습니다. 우리가 보편적으로 알고 있는 해석과 다른 해석을 할지라도 잘못됨을 알려주면 언제든지 수정할 수 있는 공간이 있습니다. 성경을 성경으로 해석하려고 발버둥치고 있습니다.

2. 서 목사님은 남다른 체험의 사람입니다.

나는 서 목사님을 옆에서 보면서 하나님은 인간차별하시는 것같은 서운함을 느낄 때가 있습니다. 우리가 체험하지 못하는 엄청난 특별한 체험을 주님께서 주셨습니다. 지극히 개인적인 체험이지만 많은 이들에게 감동을 줍니다. 서 목사님에게는 하나님이 만져 주신 하나님의 특별한 지문이 있습니다.

3. 서 목사님은 전파의 사람입니다

그의 특별한 설교는 많은 사람들을 하나님 곁으로 이끌고 있습니다. 언어의 연금술을 하나님으로부터 부여받았습니다. 서 목사님은 우리가 가보지 못한 미지의 세계로 우리를 인도하여 주고 있습니다. 그의 설교를 듣고 잘못된 사람은 한 사람도 없습니다. 그의 설교를 듣고 나면 새로워지고, 헌신자가 되고, 더 진한 그리스도의 향기를 품어 내게 됩니다. 나무는 열매를 보아 알 수 있습니다.

서 목사님!

응원합니다. 본질로만 전진하십시오. 이 책은 서 목사님에게 최고의 응원 함성일 것입니다. 최고의 학자들이 성경적으로, 학문적으로, 잘 정리한 책입니다.

거친 파도는 사공을 유능하게 합니다.
사탕만으로 성장할 수 없습니다.
물은 길이 없다고 멈추지 않습니다.
방향이 속도보다 중요합니다.
꿈은 꿈는 자를 가혹하게 합니다.
장수는 전쟁터에서 죽어야 합니다.
무지개를 보려면 비를 맞아야 합니다.
1000번 흔들려야 어른이 됩니다.
과정이 힘들면 결과는 아름답습니다.
하나님은 실패자는 안아주시지만 포기자는 버리십니다.
이 책을 손에 들고 또 다음 책을 기다립니다.

여기에서 멈추지 마시고 더 깊이, 더 높이, 더 넓게 그리고 더 많이 일하십시오. 빨리 가려면 혼자 가고 멀리 가려면 같이 갑니다. 우리 같이 멀리 가기를 기대합니다.

2022년 9월 20일

[본 논문의 내용과 특징 그리고 독자에게 주는 유익(有益)]

Ⅰ. **본 논문의 내용(內容)**은, 의사(M.D.)이며 과학자(Ph.D.)인, 선교사 서사라 목사의 "천국과 지옥의 영적 체험"에 관한 간증저서(8권)를 중심으로, 그의 신학사상에 대하여 신학적 방법으로 평가하는 과정을 기술한 것이다.

Ⅱ. 본 논문의 특징(特徵)은, 제목에서 보는바와 같이, '학술논문 형식과 신학사상을 평가하는 내용'을 가진, 의미상으로 총 3부로 구성된 창의성과 신학적 시사성이 있는 논문이다.

[1부]는, [그리스도의 성육신과 신·인성, Incarnation, Diety of Christ] 교리(Doctrine)에 대해 정리하여, 독자(Audience)에게 기독교 핵심교리로서의 기독론 교리 정립과 그 중요성을 재인식하는 자료와 계기를 제공할 것이다.

[2부]는, [성육신과 그리스도의 신·인성] 교리 관점에서 서사라 목사의 「천국 지옥 간증저서」(8권) 속에 있는 에피소드(Episodes)를 관찰하고 분석하여, 그리스도의 성육신과 신인양성교리에 대한 서 목사의 이해와 인식을 논의, 검증. 정리한다.

[3부]는, 관찰-분석-해석-정리된 결과물로부터 유추된 [서사라 목사의 신학사상]에 대하여, 신학 및 교리적 측면]에서 **최종 평가한다.** 아울러 서 목사의 간증저서(에피소드) 속에 적용(適用)된 교리들과 관련한 서 목사의 증언, 신앙 고백 및 강조 내용 등을 요약 제시한다.

Ⅲ. **본 논문을 읽는 독자에게 주는 유익(有益)**으로는 첫째, 서사라 목사(선교사)와 그의 간증저서 내용에 대한 진실과 의구심(疑懼心)의 해소 및 그의 영적 천국 체험에 대한 이해와 가치를 더해 줄 것이다. 둘째, 크리스천들의 기독론의 기본교리 이해와 신학에 대한 지적 호기심을 자극해 줄 것이다. 마지막으로, 어떤 신학적 논쟁 또는 대상에 대한 올바른 신학 사상의 검증 및 평가와 그 방법에 대한 절차와 기법 등을 탐색 및 적용함에 도움을 줄 것으로 사료(思料)된다. 끝.

「그리스도의 성육신과 신인성」교리 관점에서의

서사라 목사의 신학사상 평가

[부제: 개인이나 단체에 대한 '신학사상'을 평가

검증하는 준거(準據)는 무엇인가?]

A Study on the Rev. Sarah Seoh's Theological Thoughts

from the Perspective of the Doctrine of Incarnation & Diety of Christ

연구자: 서 영 곤 목사

[신학박사(Th.D.), 교육공학박사]

차 례

논문 요약(Abstract)

본 연구의 목적은 천국과 지옥 간증수기의 저자인 서사라 목사의 신학사상을 평가하는 것이다. 연구방법은 그의 간증 저서(8권)에 대하여 '기독교의 본질적 핵심교리'를 평가의 준거로 하여 간증 작품 속에 담긴 에피소드들(Episodes)에 대하여 분석하고 그 결과를 중심으로 저작자(著作者)인 서사라 목사의 신학사상을 유추 해 내는 것이다. 작품의 분석 도구로 사용된 기독교의 핵심교리는 미국의 기독교연구소(CRI)가 사용하는 8대 핵심교리(Essential Christian D.O.C.T.R.I.N.E.), 즉 그리스도의 신성, 원죄론, 정경론, 삼위일체론, 그리스도의 부활, 성육신, 새 창조(새로운 피조물) 및 종말론 등이다.

연구의 실행절차는, ① 개별 연구자의 전문 역량에 따라 평가에 적용할 교리를 선택하고, ② 채택한 교리로서 피 평가 대상인 서사라 목사의 간증저서를 어떻게 분석하고 평가할 것인지를 설계하여 각개 교리별 평가 연구를 실행한다. ③ 각 교리별 평가가 실행된 이후 교리 전반적인 평가를 종합적인 토론 과정을 거쳐 서 목사의 신학사상을 총체적으로 검증(檢證)하게 될 것이다. 따라서 필자의 본 연구 논문은 각개 교리별 평가연구와 종합 검증간의 중간 결과로 이해하면 될 것이다.

필자가 택한 평가 도구 또는 준거로 적용한 교리는, 그리스도의 성육신, 신·인성양성연합 교리이다. 본 과제 수행내용은 첫째, 기독교의 8대 핵심교리에 대한 일반 개념과 그 의미를 개괄하고, 둘째, 필자의 연구과제에 적용할 교리인 "성육신과 신·인성양성 교리"에 관한 선행 연구 자료들을 이론중심으로 재정리하였다. 셋째, 서사라 목사의 간증저서 속에 담긴 에피소드들(Episodes)에 대한 내용과 그 의미를 적용 교리 관점에서 분석하였으며, 마지막으로 분석 결과를 토대로 하여 서사라 목사의 신학사상의 건전성(健全性) 여부를 검증하였다.

연구 과제 수행결과로서, 서사라 목사의 저서에는 "정통 개혁주의 성육신 교리는 물론, 신인양성연합 교리"에 대한 바른 이해와 인식으로 적용되어 있기에, 본 교리들과 연관된 이단성(異端性)의 개연성은 전혀 없는 것으로 연구의 검증 결과로서 밝히는 바이다.

오히려, 서 목사는 그리스도의 선재성과 신성을 깊고 의미 있게 이해하며 인식하고 있음을 보여 준다 할 것이다. 본 연구를 계기로 서 목사 본인은 물론 독자들에게도 그리스도의 성육신 교리와 성육신의 과정적 결과와 목적인 신인양성연합 교리와 그리스도의 구속 사역간의 관계(關係)에 대한 중요성의 인식과 신학적 성찰에 새로운 도전을 받을 것으로 기대한다.

이에, 본 연구자는 "서사라 목사의 간증저서와 그의 신학사상"에 대하여, 그리스도의 성육신과 신인양성연합 교리에 충실하며, 영적인 내용과 신학적 교훈이 담긴 천상의 에피소드들로 구성된, 진솔하고 건전한 저술(著述)인 것으로 평가한다. 또한 '저서는 저자의 신학사상을 담은 독자와의 매개체'라는 관점에서, 본 연구자가 '그리스도의 성육신과 신인양성 교리'의 안경(眼鏡)으로 관찰한 결과, 서사라 목사는 기독교 개혁신학의 정통과 성경 교리에 저촉됨이 없는 건전한 정통 개혁주의 기독론 신학사상을 가진 하나님의 신실한 종이며 하나님 나라의 바른 복음의 전파자로 사료(思料) 된다. 끝.

- 중요 단어: 서사라 목사, 신학사상, 성육신, 신성, 인성, 신인양성, 신인양성연합 인격

0. 시작하는 말

개혁신학(Reformed Theology)의 절대적 기준은 언제나 성경이다. 이 말은 성경이 교회와 교리들과 신앙을 이끌고 통제하는 절대적 권한을 행사한다는 것이 개혁신학의 원칙이라는 뜻이다. 다시 말하면, 오직 성경만이 기독교 진리의 유일한 근거이며, 교회를 다스리는 하나님의 절대 주권이라는 것이다. 여기서 신학의 주요 역할 중의 하나는, 교회(성도)로 하여금 성경의 세계를 더 잘 이해할 수 있도록 돕는 일이다. 이런 점에서 신학, 특히 조직신학(Systematic Theology)은 '이해를 추구하는 신앙' 이라고 말할 수 있다. 신학은 하나님의 신비에 대해 그에 합당한 이해들을 마련하는 작업을 한다. 또한 신학은 타당성을 검증하고, 신앙의 형태에 대한 성찰을 요구하며, 비판적 기능(Critical function)을 가진다.

모든 영역의 이론과 행동이 급변하는 포스트모더니즘(Post-Modernism)과 다원주의적 시대에 자신의 신앙에 대한 확고한 이해를 가지고 세상과 대면해야 하는 그리스도인들에게는 기독교 신앙의 교리(Dogma, Doctrine)를 올바로 숙지하는 것은 매우 중요하다. 그것이 없으면 신앙이 체계화되지 못하며 신앙인으로서의 입문(入門)은 물론 영적 정체성과 선교와 전도활동도 올바로 수행할 수 없는 것이다. '교리와 신학'은 교회로 하여금 진리의 성경 말씀을 옳게 분별하게 하여(딤후2:15), 우리는 누구이며, 무엇을 믿고 있으며, 무엇을 전해야 하는지를 밝히 알도록 이끌어 주는 신앙생활과 선교활동의 길잡이 역할을 하기 때문이다.

필자는 목회자로서 그리고 신학연구자로서 오늘날 우리 한국 개신교 내에서 일어나고 있는 무차별적인 이단 시비(是非)와 논쟁들을 현장에서 목격하면서 황당한 마음을 금할 길이 없어 한 적이 많았다. 그 대다수가 신학적 무지와 명확한 검증(팩트 체크나 조사 연구, 절차와 방법 등을 포함)도 없이, 자신이 알고 있는 성경 해석이나 교단별 교리나 현실 신학에 기초하여 자신과 조금만 다른 신앙형태만 보여도 "저것 이단 아닌가?" 하고 의심하는 편협(偏狹)한 신앙적 병리현상에서 비롯된 것들이었기 때문으로 생각한다.

필자가 만나본 사람들[1] 대부분은 이단 사이비에 대한 체계적인 지식이나 판별 내지는 검증 방법이나 절차의 개념도 없이 자기 잣대와 감정과 남의 이야기에 근거한 동기에서 사이버(Cyber)상의 디지털 뉴미디어(매체)를 통해 자신의 주장을 순식간에 유포하여 상대방에게는 매우 치명적이고 인격 모독적인 범법행위를 죄책감 없이 자행하고 있었던 자들이다.

기독교에 관련한 어떤 저작물과 그것의 저자에 대하여 신학사상의 건전성 또는 유해성 평가를 하기 위해서는 첫째는, 그 저서의 내용 전체를 정독(精讀)하는 것은 필수적인 것이며 다음으로, 그 속에 기술된 주제와 메시지(Message)들이 하나님의 말씀, 즉 성경이나 교리(Doctrine)에 얼마나 부합하는지를 확인하는 일이다. 그리고 마지막으로 그 저술 속에 담긴 컨텐츠(Contents)의 메시지가 수신자들(Audiences)의 믿음과 신앙(사상)에 얼마나 긍정적인 영향력(Impact) 또는 유효성(Effectiveness)을 주는지를 판단하여야 한다. 그리고 평가 대상자의 삶과 사역과 활동, 나아가 인격적인 부분까지도 함께 살펴보아야 할 것이다. 이것이 기본이다.

---

1)　필자가 최근 2년 동안에 만나본 사람들은, 목사(4명)와 신학자(2명), 생계형 유튜브 운영자(2명), 인터넷 포탈 운영(자칭 이단감별사 목사) 그리고 비인가 신학교 신학연구자와 무직(無職) 유튜브 운영자 등이었다.

ⅰ. 연구의 목적과 성격

본 논문은 천국과 지옥 간증수기(8권)의 저자인 서사라 목사의 신학사상을 평가하는 목적을 가진다. 이를 위하여 그의 저작물 가운데 내포된 에피소드(Episode)[2]의 내용과 메시지들이 기존의 기독교 핵심 8대 교리들과 얼마나 부합 또는 일치하는 지를 밝혀내는 일련의 메시지 분석 연구를 진행하는 것이다. 따라서 필자가 수행할 과제 내용은 ① 기독교의 핵심교리에 대한 일반 개념과 의미, ② 필자의 발제 분야인 "그리스도의 성육신, 신인양성 교리"에 관한 선행연구(이론) 정리, ③ 서사라 목사의 간증저서 속에 담긴 [그리스도의 성육신, 신인양성 교리]와 연관한 에피소드 속 메시지들의 신학적 의미 분석 그리고 ④ 분석결과를 토대로 하여 서사라 목사의 신학사상의 건전성을 가름해 보고자하는 것이다.

ⅱ. 연구 방법과 제한점

신앙은 하나님에 대한 믿음이며, 그 신앙은 인간의 합리성을 넘어 서는 것이다. 그래서 신앙은 신비한 것이다. 신학의 평범한 정의로서 안셀무스[3]가 말하는 '신학은 이해를 추구하는 신앙'이라는 이

---

2) 국어사전 정의: 어떤 이야기나 사건의 줄거리에 끼인 짤막한 토막(모티브의 한 덩어리) 이야기.

3) 안셀무스(1033-1109, 북이탈리아 출생, 초기 스콜라 신학자): 그의 논쟁서인, 『신은 왜 인간이 되지 않았나』는 신학사상 불후의 책이다. 유대인의 신관을 타파할 목적으로 쓰여져 있다. 거기에서는 속죄는 신의 영광을 위해서라는 점, 인간은 죄 때문에 신에게 돌려줄 것을 돌려주지 않았기 때문에, 하나님이 그리스도에 의해서 이를 이루었다는 것을 논하고, 하나님의 아들의 육화(肉化)의 필연성을 밝힌다. 여기에서 처음으로 그리스도의 성육신과 속죄, 은혜와 자유의 일치라는 그리스도교 신학의 근본명제가 세워졌다고 할 수 있다('Naver 지식'에서).

말은 신학은 교회 또는 성도들이 신앙을 더 잘 할 수 있도록 도우는 역할을 한다는 뜻이다. 아울러 신학은 하나님의 신비에 대해 합당한 이해를 마련하는 일련의 작업을 수행하는 것이고, 타당성을 검정(檢定)하고, 신앙의 형태(모양이나 태도)에 대한 성찰을 요구하며 때로는 신학적 비판의 기능을 수행하게 되는 것이다.

이러한 연유에서, 본 연구는 신앙의 신비한 속성들이 담긴 하나님과 천상의 실존들의 기별에 관한 저서 -서사라 목사의 [천국과 지옥 간증수기]- 에 대하여 그 내용의 타당성과 보편적 교회의 신앙 형태와 내용 및 사회에 미치는 영향들을 분석하고 비판하는 성격을 가진다고 말할 수 있다. 문제는 평가 대상(저서와 저자)에 대하여 질적 타당성을 검정하고 비판을 가하는 방법(도구 또는 준거)의 적절성과 합리성이 확보되도록 해야 한다는 것이다. 금번 연구에 있어서의 평가 준거로는 조직신학의 한 방법인 "기독교의 핵심교리"가 사용된다. 따라서 필자를 포함하여 개별 연구자는 평가 도구로서의 교리와 적용할 평가 대상에 대한, 본질과 비본질 문제와 질적 수준에 따른 평가의 강도 조율(調律)이 필요하다고 사료 된다(예: 각 교리의 구성 요소 중, 본질과 비본질의 구분, 평가 대상 중에는, 신학자와 교수, 목사와 신학생, 그리고 장로와 평신도 등에 차별된 평가 강도를 적용함). 또한 각 평가가 중복(Overlap)되지 않도록 적용 교리간의 평가 영역의 설정에도 유의해야 할 것이다.

iii. 본 연구의 결과를 통한 기대 효과

1) 서사라 목사의「천국과 지옥」간증저서가 가지는 진위성(진

리와 비진리 구분)과 저자의 신학사상의 건전성을 파악할 수 있다.

2) 기독교의 핵심 교리에 얼마나 충실한 간증 서적인지를 가름 해 볼 수 있다.

3) 저서의 간증 내용이 진리의 성경 말씀에 얼마나 부합하는지를 가름 해 볼 수 있다.

4) 궁극적으로, 저자의 신학사상의 정통성과 신학적 이단성 여부를 검증할 수 있다.

I. 기독교의 핵심 8대 교리(DOCTRINE) 개요: 평가 준거로서의 교리

[부제: 개인이나 단체에 대한 "신학사상"을 평가·검증하는 준거는 무엇인가?]

성경적 개혁주의 신학은 철두철미하며 분명하고 확실한 언어로 자신의 신학을 주장하고 비평하며 표현해야 한다. 따라서 본 연구에서도 이러한 일련의 작업, 즉 신학적 담론이나 사상 또는 여러 가지 기독교의 영적 이슈들 -초월적 현상과 천상의 기별 등- 에 대하여 그것들의 바르고 틀림을 평가 및 검증하기 위하여, 교의학(教義學[4], Dogmatics), 또는 조직신학(Systematics theology)의 방법론의 하나인 성경을 체계적으로 조직화한 기독교의 교리 체계를 사용하고자 한다.

기독교의 교리(教理)는 각 교단(Denomination)이나 교파 또는 신학자에 따라 다소 다른 분류 체계(수 개에서 수십 개)로 조직화 되어 있다. 그러나 기독교의 본질을 훼손하는 범주에 속하는 핵심 교리는 반드시 일치(Unity)하도록 체계화되어 있는 것이다. 본 연구에서는 연구의 성격과 목적상 전체 교리를 다 종합적으로 적용할 수 없기에 미국의 기독교연구소(基督教硏究所, CRI)에서 사용하고 있는 '기독교의 핵심 교리-D.O.C.T.R.I.N.E.' 8가지 분류체계를 본 연구에 적용하도록 한다. 왜냐하면 미국의 기독교연구소(CRI)는 필자의 선행연구 논문『새로운 피조물 교리 적용 연구』[5]의 제 I 장에서 개괄(槪括) 정리한 기독교 8개 핵심교리모델을 "기독

---

4) 어떤 종교의 교리를 체계적으로 조직 서술한 학문
5) 서영곤, 「새로운 피조물 교리 관점에서 본 서사라 목사의 신학사상 평가」, (서울: 나눔사, 2021), pp. 23-37.

교계에 발생하는 정통과 이단에 대한 시비와 분쟁(Disputes and Conflicts over Orthodoxy and Heresy)"을 조정하고 판별하는 준거(準據)로 활용하고 있기 때문이다.

다음은, 미국과 캐나다 두 곳에 거점을 두고 기독교계에 일어나는 논쟁 문제들에 대하여 연구하는 기독교연구소(CRI, Christian Research Institute)[6]가 사용하는 기독교의 본질적 8대 교리(Essential Christian Doctrine) 항목을 정리한 것이다.

① Deity of Christ(그리스도의 신성), ② Original Sin(원죄론), ③ Canon of Scripture(정경론), ④ Trinity(삼위일체론), ⑤ Resurrection(그리스도의 부활), ⑥ Incarnation(성육신), ⑦New Creation(새 창조 또는 새로운 피조물), ⑧ Eschatology(종말론)

CRI는 위의 8개의 핵심 교리(DOCTRINE)를 설정한 배경과 목적에 대하여 다음과 같이 설명하고 있다.

첫째로, 기독교의 교리적 본질(Essentials)이 되는 기독교 핵심 교리(Essential Christian Doctrine)에 대한 중요성의 강조는 결코 지나칠 수가 없는 것이다. 이것들은 정통 기독교와 기독교 이단 사이에 경계선(The demarcation between the kingdom of Christ and the kingdom of cults)을 설정하는 근간이 되는 핵심 교리이기 때문이다.

둘째로, 기독교의 본질적 핵심 교리는 기독교 신앙이 항해 해 나아가야 할 코스를 설정해 주는 북극성의 역할을 필요로 하기 때문

---

6) CRI는 기독교의 본질적 교리(Essential Christian Doctrine) 8개 항목을 기준으로 설정하여 미국 국내 외의 기독교 신학사상에 대한 문제들에 대하여 탐구하는 연구소(CRI, Christian Research Institute)이다. 행크 해나그래프(Hank Hanegraaff) 박사가 연구소의 대표이다(www.eqip.org).

이다. 북극성이 항해사들로 하여금 목표를 향하여 그들의 배를 안전하게 항해할 수 있게 하는 변하지 않는 기준점(An unchanging reference point)이 되듯이 기독교의 근간적 교리는 교회를 침몰하게 하는 교리적인 폭풍우로부터 교회가 안전하게 진리 위에 설수 있도록(Standing on the Truth) 안내해 주는 변함없는 기준점이 되기 때문이다.

마지막으로, 기독교의 본질적 8대 핵심 교리는 기독교의 본질인 하나님 나라와 예수 그리스도 그리고 그의 복음에 그 기초를 두고 있다. 즉 역사적 예수님은 하나님이신가 하는 예수 그리스도의 신성(Deity of Christ)에서부터 산자와 죽은 자를 심판하러 재림하실 종말론(Eschatology)을 아우르는 위의 기독교 핵심 8대 교리들은 성경적 바른 복음[7]의 본질에 그 근간을 둔 것이기 때문이라고 한다.[8] 특히. 기독교연구소(CRI) 대표인, 행크 해나그래프(Hank Hanegraaff) 박사는, 필자가 소속해 있었던「비평과 논단」과 기독교신학사상검증학회가 주관한 신학포럼(2015.4.22)의 기조연설에서, 기독교의 본질적 8대 핵심교리와 관련하여 다음과 같이 주장하였다.[9]

"CRI가 설정한 8개의 핵심 교리는 기독교 신앙의 **'본질적 문제 (Essential Issue, Primary Matter)'**로 보며 이 본질적인 것에 대

---

7) 예수 그리스도가 전한 복음의 범주 안에 내재된 것이라는 의미이다.

8) Hank Hanegraaff. ESSENTIAL Christian D-O-C-T-R-I-N-E. Charlotte, 2009.

9) 미국 기독교연구소(CRI) 대표인, 행크 해나그래프 박사는 '예수의 신성' '인간의 원죄' '창조' '삼위일체' '부활' '그리스도의 성육신' '새 창조(새로운 피조물)' '종말론(예수 재림)' 등을 기독교 신앙의 '본질적 문제(Essential Issue, Primary Matter)'로 꼽고 "본질에 대해서는 모든 세계교회가 연합된 입장을 가져야 하지만, '비본질적인 문제(Non-Essential Issue, Secondary Matter)'에 대해서는 상대를 자유롭게 인정해야 한다. [출처: 교회연합신문(2016.04.06 11:44 기사), 「비평과 논단」, 기독교신학사상검증학회 주관: 제20차 신학포럼(2015.4.22)].

해서는 모든 세계교회가 일치된 입장을 가져야 하지만, '비본질적인 문제(Non-Essential Issue, Secondary Matter)'에 대해서는 상대를 자유롭게 인정해야 한다. 그리고 그 외의 기독교 신앙의 제반 문제에 대하여는 피차간에 사랑의 정신을 가지고 대하도록 해야 한다. 또한 어떤 교회나 교단이 이야기하는 신앙적 가르침에 있어서는 부수적으로는 의견이 다를 수 있지만, 진리(핵심 교리)와 관련한 문제에 있어서는 어깨를 나란히 할 수 있는지를 확인해야 한다. **다시 말하면, 본질이 아닌, 부차적인 문제로 어떤 단체를 평가해서는 안 된다. 그것은 불공평하다. 더욱이 [본질적 교리의 준거]에 의한 신학적 평가 없이 특정 교단이나 개인을 가볍게 이단(異端)으로 규정하는 건 매우 조심해야 하며 위험한 일**이라고 보며 이는 경계해야 할 것이다"

이와 같이 CRI는 결코 타협이나 양보할 수 없는 기독교의 본질적 가치를 지닌 8가지 핵심교리를 제시하여, 하나님 나라와 이단 왕국 간의 분명한 구분선[10], 곧 기독교 내의 이단성(異端性) 시비 논쟁을 평가 검증해 주는 방편(方便)으로 활용하고 있다(To present clear Evaluation Criteria).

금번 연구에서 필자가 '서사라 목사의 신학사상'을 평가하는 데 적용하는 교리는 미국 기독교연구소(CRI)의 '기독교 8대 핵심교리-D.O.C.T.R.I.N.E.' 중, 논리적 순서에 따라 여섯 번째 "성육신(Incarnation) 교리"와 첫 번째 "그리스도의 신성(Diety of Christ) 교리"를 본 논문,「서사라 목사 신학사상 평가」의 준거(Criterion)로 사용할 것이다.

---

10) 다른 모든 종교는 이 기독교의 본질적 교리에 배타적 또는 타협하거나 혼란스러워하거나 아니면 부정하는 입장에 있다고 본다. 예를 들면, 이슬람교도는 그리스도의 유일한 신성의 교리를 비난한다. 그들은 그리스도의 죄 없음은 긍정하나, 구원의 유일한 희망으로 십자가 희생과 그의 부활에 관한 것은 강력하게 거부한다.

II. 그리스도의 '성육신(Incarnation) 교리'에 관한 성경적 고찰

신앙은 기본적으로 '하나님의 존재'를 전제로 하지 않으면 성립되지 않는다. 그래서 신앙의 **제 1원리**는 '하나님의 존재원리'인 것이다. 즉, 하나님은 스스로 계신 분(I am who I am)이라는 것이다. **제 2원리**는 하나님은 스스로 '자신을 계시'하신다는 것이다. 그 증거와 결과로 인간에게 주신 것이 하나님의 말씀인 성경이다. **제 3원리**는 스스로 계신 하나님과 그가 인간에게 주신 성경 말씀에 대한 인간 믿음의 응답, 즉 '신앙의 원리'인 것이다.

이 같은 맥락에서 기독교의 핵심교리들을 이해함에 있어서도 기독교 신앙의 원리를 잘 이해한다는 것을 전제할 때에 비로소 한계성을 가진 인간이 초월적 하나님의 심오한 뜻과 섭리를 이해할 수 있는 것이다. 성경의 신비롭고 기이한 초월적인 기사들, 곧 하나님이 인간의 몸을 입으시고 세상에 오심, 십자가 대속사역(Redemption)을 통한 인간의 죄를 속죄하심(Atonement) 그리고 부활, 승천하심 등에 대한 이해는 타락한 인간의 한계적 이해 능력으로는 깨닫기가 쉽지 않은 것이다. 이러한 이해와 깨달음의 개인차로 말미암아 우리들의 믿음의 성장과 성숙이 장애를 받게 되거나 지체(遲滯)를 가져오게 되는 것이다.

기독교의 핵심교리인 기독론을 구성하는 성육신 교리, 십자가 대속 및 그리스도의 부활 교리 등은 하나같이 인간 이성으로는 이해불가하며 잘 믿어지지도 않는 교리이다. 그 중에서도 '성육신'에 대한 올바른 이해는 나머지 교리들을 풀어 나아감에 있어서 매우 중요한 단서(端緒)를 제공한다. 다시 말하면, 성육신 교리를 선행적으로 이해하기 전에는 다른 교리에 대한 이해가 곤란하다는 것이다. 이런 맥락에서 필자는 그리스도의 신성 교리 연구에 앞서 성육신 교리를 먼저 정리하고자 한다.

1. 기독교 신앙의 근간과 토대로서의 성육신(成肉身): 기독교의 핵심교리로서의 성육신

기독교란 창조주 하나님을 떠난 타락한 인간을 구원하기 위한 메시아를 보내주시겠다고 인류의 첫 조상인 아담과 하와와 거룩한 선지자들(구약의 성육신 예언)을 통해 예언하신 하나님의 약속을 이루시는 '때(카이로스, Καιρός, 하나님의 정한 때)'가 차매(갈4:4-5)[11] 참으로 그 '구원자'를 인간 세상에 보내주셨다고 믿는 신앙이다. 그 약속의 성취자로 오신 분이 바로 여자의 후손-예수 그리스도이신 것이다(창3:15). 그래서 기독교는 구약의 약속을 중시하고 그 약속의 연속성을 강조하면서 그 예언과 약속이 역사 속에서 온전히 성취되고 있음을 증거, 전파하고 있는 것이다. 놀라운 것은 다른 이가 아니라 하나님의 아들, 즉 성자(God the Son)가 이 일을 이루기 위해 세상에 오셨다는 것이다. 성자, 곧 말씀(Logos)이 인성(Humanity nature)을 취하신 일을 우리는 전통적으로 '성육신(Incarnation)'이라 부른다(요1:14)[12]. 영원부터 계신 하나님의 아들(그리스도의 선재성)이 성육신(성령으로 동정녀 탄생, 영원한 신성으로 인성을 취하심)하여 이 땅에 오셔서 나사렛 예수로 사시고,

---

11) "때가 차매 하나님이 그 아들을 보내사 여자에게서 나게 하시고 율법 아래에 나게 하신 것은 율법 아래에 있는 자들을 속량하시고 우리로 아들의 명분을 얻게 하려 하심이라"(갈4:4-5)

12) "말씀이 육신이 되어 우리 가운데 거하시매 우리가 그의 영광을 보니 아버지 독생자의 영광이요 은혜와 진리가 충만하더라"(요1:14).

십자가에 달려 죽으셔서 하나님의 구속사역을 이루셨다. 그리고 부활, 승천하셔서 '하늘'에 계시다가(행3:21)[13] 다시 오셔서 마침내 구속을 완성하실 것이다. 만약 인류역사 가운데 '그리스도'가 없었다면 기독교는 이 세상에 존재할 수 없는 것이다. 그리스도께서 성육신하여 이 땅에 오신 것이 기독교의 근간과 역사적 단초(端初)가 되었기에, 성육신을 기독교의 필수불가분한 핵심적 사건이라 할 것이다. 따라서 이 성육신이 어떠한 신비와 비밀을 가진 것인지를 우선 살피는 것은 '바른 복음, 바른 신앙'에 매우 중요한 가치를 부여한다 할 것이다.[14]

2. [성육신 교리]의 신학적 위치: '성육신의 진리' 위에 세워진 복음(福音)

오늘날 우리가 믿고 있는 성육신 교리는 매우 중요한 기독교의 핵심 진리 중의 하나이다. 참 신앙, 진실한 믿음을 갖기를 원한다면 우리는 어떤 예수 그리스도를 믿고 있는지, 주님의 인격과 사역에 대하여 얼마나 정확히 알고 있는지를 스스로 확인해야 할 것이다.

사도 바울은 로마서를 기록하면서, 복음을 설명하기 전에 먼저 '그리스도께서 인간의 아들(인자, Son of Man)로 오셨음' 곧 성육신을 강조하여 증거하고 있다. 다음의 성경 말씀에서와 같이 사도 바울은 '성육신의 진리' 위에 자신이 증거 하는 복음을 세우고 있음을 알 수 있다.

---

13) "하나님이 영원 전부터 거룩한 선지자들의 입을 통하여 말씀하신 바 만물을 회복하실 때까지는 하늘이 마땅히 그를 받아 두리라"(행3:21).
14) 다음블로그, 이승구, 성육신의 신비와 진실(2021. 8. 10. 17:10).

[롬1:3-4] "이 아들로 말하면 육신으로는 다윗의 혈통에서 나셨고 성결의 영으로는 죽은 자 가운데서 부활하여 능력으로 하나님의 아들로 인정되셨으니 곧 우리 주 예수 그리스도시니라"

위 로마서의 서론 말씀에서, 바울은 두 가지를 강조한다. 하나는, 그리스도께서 육신으로는 다윗의 혈통으로 오심(롬1:3)과 다른 하나는, 성결의 영으로는 죽은 자 가운데서 부활하신 하나님의 아들이심(롬1:4)을 밝히고 있다. 보통의 그리스도인이라면 초신자라도 예수 그리스도께서 십자가에 죽으시고 무덤에서 부활하심에 대하여는 익히 알며 이해하고 있지만, 예수 그리스도의 성육신(Incarnation)에 대한 깊은 이해는 납득하기가 그리 쉽지 않은 편일 것이다. 따라서 사도 바울도 교회 앞에 복음을 설명하기 전에 먼저 그리스도의 '성육신'에 대한 진리를 앞세워 강조하고 있는 것이다.

바울은 [롬1:2]에서 "이 복음은 하나님이 선지자들로 말미암아 그의 아들에 관하여 성경에 미리 약속하신 것이라"기록하면서, '다윗의 혈통'으로 오신 나사렛 예수는 바로 구약 성경에서 여러 선지자의 입으로 예언하여 약속한 그 메시아(Messiah)라는 것, 즉 그리스도의 성육신을 증언하고 있는 것이다. 연이어, 바울은 [롬1:3-4]에서 이 예수 그리스도는 육신으로는 다윗의 혈통으로 성령으로 잉태하시어 오셨고(동정녀 탄생), 성령의 능력으로 죽음에서 부활하신 하나님의 아들 되심(즉, 바울이 전한 부활의 복음)을 분명히 밝히고 있는 것이다. 이는 구약의 예언대로 '다윗의 혈통'으로 오신 이, 하나님의 아들 곧 100% 하나님이 바로 '우리와 동일한 혈육'을 가진 100% 인간으로 오심과 함께, '자신이 전하는 복음의 근원이 성육신에서 비롯된 것임'을 바울은 강조하는 것이다.

3. 성육신에서 된 일들-목적과 결과 그리고 그 신비와 의미: 성령으로 잉태, 동정녀 탄생, 인성을 취하신 성자, 죄(罪) 없는 주님의 인성, 신·인성 양성연합 단일인격

1) 기독교 개혁주의 신앙은 성부, 성자, 성령의 삼위일체 유일신 하나님을 믿는 위로부터의 종교이다. 성육신은 삼위일체 하나님의 제2위격이신 성자(신성)께서 인간 몸(인성)을 취하여 참 사람이 되신 역사적 사건이다: 즉, '성자'께서는 그가 영원부터 선재(先在)하시며 가지신 신성에 더하여서 성육신을 통해 인성을 취하신 것이다.

이는 신성(神性)이 인성(人性)을 취하신 것으로 매우 신비롭고 놀라운 일이 아닐 수 없는 것이다. 성부와 성령은 이 같은 인성을 취하지 않으셨고, 또 그렇게 하지 않으실 것이다. 오직 성자만이 그가 본래 가지신 신성에 더하여 인성을 취하신 인간 이성을 초월하는 기이한 일을 행하신 것이다.

2) 성령으로 잉태되시고 동정녀 출생으로 성육신하심은 예수 그리스도의 본성과 인격(Nature & Person)을 증거 한다: 성경은 성자 하나님이 성령으로 잉태되시고 동정녀에게 출생하심으로 그의 신성과 인성의 실존적 존재 "참 하나님과 참 사람" 되심을 증거하고 있다(사7:14, 마1:18, 23, 요1:14).

성령으로 잉태하여 동정녀에게서 하나님의 아들이, 여자의 아들로 출생하였다(창3:15)는 사실은 예수님께서 이 세상의 평범한 분이 아니라 하늘로부터 오심(신성)을 보여주는 사건이다. 예수님께서 우리 인간이 가진 사람의 몸을 입고 오셨지만 또한 완벽한 하나님이시다. 예수 그리스도를 참 하나님(Vere Deus)이라고 하는 것은 100% 하나님이심을 믿으라는 뜻이며 또한 창조주이시고, 구속주라는 의미이다. 또한 예수 그리스도를 참 사람(Vere Homo)이라 함은, 타락으로 연약해진 인간 본래의 100% 인성을 가진 사람이라는 뜻이다. 그러나 그리스나 로마 신화에 나오는 신과 인간이 결합하여 출생한 어떤 제 3의 존재, 반신반인(半神半人)을 의미하는 것은 결코 아닌 것이다.

성육신한 예수님은 완벽한 하나님이심과 동시에 인간됨, 즉 두 본성(신성, 인성)이 한 인격(人格)으로 계신 분이시다. 그것을 신학적으로는 '두 본성이 한 분의 인격(Two Natures in One Person)으로 존재함'을 말한다(양성단일인격). 참 하나님이신 예수님께서 왜 참 사람이 되셔야 했는지? 그 신비를 잘 이해하기가 쉽지는 않지만 그러나 예수 그리스도께서는 하나님과 사람사이의 참 중보자(딤전2:5)[15]와 멜기세덱의 반차[16]를 좇아 하늘 성소의 영원한 대제사장(히4:15)[17]으로서의 직분 그리고 인간의 죄 값(Redemption)을 치루기 위한 효력 있는 대속제물의 요건으로서는 필연적으로 참 사람(요1:29)[18]이어야 하기 때문이다.

---

15) "하나님은 한 분이시오 또 하나님과 사람 사이에 중보자도 한 분이시니 곧 사람이신 그리스도 예수라"(딤전2:5). 특히 참 중보자는 타락한 인간의 모든 고난과 고통의 삶을 체휼해야 하기에 인성을 입어야 하는 것이다(필자 주).
16) 만왕의 왕이시자 영원한 대제사장이신 예수 그리스도는 다윗의 메시아 예언시인 [시110:4]에서 이렇게 예언되어 있다. "여호와는 맹세하고 변치 아니하시리라 이르시기를 너는 멜기세덱의 반차를 좇아 영원한 제사장이라 하셨도다"(필자 주).
17) "우리에게 있는 대제사장은 우리의 연약함을 동정하지 못하실 이가 아니요 모든 일에 우리와 똑같이 시험을 받으신 이로되 죄는 없으시니라"(히4:15)
18) "이튿날 요한이 예수께서 자기에게 나아오심을 보고 이르되 보라 세상 죄를 지고 가는 하나님의 어린 양이로다"(요1:29)

3) 성자의 성육신은, (남성의 관여가 없이) 성령의 능력으로 복된 처녀(마리아)의 수태(受胎)로 성취될 것임이 구약과 신약에서 예언되고 고지된 그 일의 결과이다: 이런 기이한 일을 생각할 수 있는 인간은 아무도 없다. 그래서 선지자의 예언이 때가 이르매 마리아에게 천사 가브리엘이 나타나서 이 신비로운 일이 그녀에게 일어날 것이라고 고지했을 때, 마리아는 "나는 남자를 알지 못하는데 어찌 이런 일이 있을 수 있느냐?"고 물을 정도였다(눅1:34).

성자는 성령님의 능력으로 동정녀에게 수태되는 방식을 통해 영원하신 신성을 그대로 가짐과 동시에 인성을 취하심으로 성육신 하신 것이다. 그래서 성경은 그가 여자에게서 나셨다고 기록하고 있다(갈4:4), 그것도 동정녀에게서 나셨다는 것(사7:14, 마1:23, 25, 눅1:27, 29)을 강조하고 있다.

4) 성육신하신 성자에 대하여 "그가 범사에 형제들과 같이 되심이 마땅하도다"(히2:17)라고 히브리서 기자는 말한다: 이 말은 성육신하신 나사렛 예수님은 죄가 없으신 것을 제외하고는 우리가 가진 연약한 인성, 곧 타락한 인성을 취하신 것이라는 뜻이다. 그것도 아담이 타락하기 이전의 에덴동산에서의 그 강하고 순수한 인간성이 아니라, 아담의 지음 받음과 타락한 후 4천년이나 지나 심히 부패하고 나약해진 인간 본성을 성자께서 취하신 것이다.

한편, 주님은 성령으로 잉태되셨기에 죄가 없으신 신적 존재로서 이 혼탁한 세상에 오셔서 살았어도 한 점의 죄를 알지도, 짓지도 않으시고 또 죄를 지을 수도 없으신 분으로 사셨다는 것이 동일한 인성을 가진 우리에게는 성육신의 신비가 더욱 궁금해 질 수밖에 없는 것이다.

예수님께서도 우리 인간의 성정(본성)같이 약하고 오염된 인성을 취하셨으므로 때로는 목마르기도 하셨고(요19:28, 4:7), 주무시기도 하셨다(마8:24; 막4:38). 그러나 주님은 하나님의 아들로서 신성을 가지셨기에, "졸지도 아니하시고 주무시지도 아니하셨다"(시121:4)는 말씀이 이해가 되는 것이다.

5) 성자의 성육신은 인간의 몸(육신)만을 취하신 것이 아니라 참된 인간의 영혼도 취하셔서 참 사람이 되셨다: 그리하여 인류 역사상에서 신성을 가지신 한 사람이 있게 된 것이니, 오직 나사렛 예수만이 참 신과 참 사람이신 것이다[19]. 그래서 오직 주님만이 신인이시다.

성경에서도 주님의 많은 이름 중에서도 자기 스스로를 인자(Son of Man)라는 호칭을 150여 차례나 사용하였다. 그러므로 우리가 이 주님을 신인(The God-Man)으로 인정하고 그의 정체성과 십자가 사역을 바로 알고 믿으며 그 분 앞에 나아 갈 때(in Christ)만이 비로소 참 그리스도인이 되는 것이다.

6) 성육신에서 된 일들-그 목적과 결과: '성육신 교리에 감춰진 신비스런 비밀'은 무엇인가? 이를 한마디로 정리하면, 흔히 기독교 역사에서 가장 주요한 사건을 '부활'이라고 말하지만 사실은 '그리스도의 성육신'이 제일 중요한 역사적 사건인 것이다.

(1) 성육신은 역사 전부터 선재하신 영원한 성자 하나님이 우리 인간의 타락한 몸(영혼육)을 입어 성육신하시고 죄 없으신 분(동정

---

19) 새 찬송가 122장(3절 가사): "이 세상에 주께서 탄생할 때에 **참 신과 참 사람**이 되시려고 저 동정녀 몸에서 나시었으니 엎드려 절하세 엎드려 절하세 구세주 나셨네 아멘", 죄 아래 있는 인류를 구원하시기 위해 인간의 몸을 입으시고 이 땅에 임하신 성자 하나님을 가리키는 표현(요1:14, 요일4:2). 예수 그리스도께서는 **완전한 사람**이시자 **완전한 하나님**으로 이 땅에 오신 **임마누엘**이시다(마1:23).

녀 탄생)으로 인류 역사에 실존하셨으니, 오직 한분 '참 사람이신 예수 그리스도'이시다(빌2:6-7): 성육신한 주님은 인간의 유전법칙을 따라 우리와 동일한 인간성(인성)을 입으셨으나 죄가 없는 이유는, 성자께서 동정녀의 몸에 성령으로 잉태되었기 때문이다.

(2) 성육신을 통해 인성을 취하신 예수 그리스도는 인간 삶의 전 과정(출생에서 죽음까지)의 모든 고통과 고난 슬픔을 온전히 체휼(Sympathize)[20]하셨음을 의미한다(히4:15): 이는 그리스도께서 개인적 고난과 고통을 벗어나기 위해 신적 권능(神的 權能)을 사용하지 않으셨으며 오직 성령(신성)에 의지한 한 인간으로서의 인성으로 삶을 체휼하심으로서 참 사람의 온전한 모본(模本)이 되신 것이다. 이 말은 우리 인간이 하나님의 말씀을 순종하고 모든 죄악과 유혹을 감당할 수 있는 길은 오직 임마누엘하시는 주님의 도우심, 곧 성령의 도우심만으로 가능한 것임을 우리(교회)에게 교훈하신 것이다.

(3) 예수 그리스도의 성육신의 목적과 그 결과는 무엇인가: 목적은 궁극적으로는 인류를 구원하는 것이며, 그 목적을 온전히 효율적으로 성취하기 위한 과정으로서의 결과는 선재하신 영원한 신성이 유한한 인성을 취하셔야 했던 것이니, 이것 또한 성육신의 신비인 것이다.

A. 그리스도의 성육신 목적: 곧 하나님이 인간의 몸을 입으시고 사람이 되신 목적은 죄로부터 '인류를 구원'하는 것, 곧 십자가의

20) '함께 아파하고 고통하다', 즉 '아픔과 슬픔을 공유할 뿐만 아니라 깊은 연민으로 불쌍히 여기다', '상대방의 형편과 처지를 전 인격적으로 이해하다'는 뜻. 만왕의 왕으로서 죄인의 자리에까지 낮아지셔서 인생의 고통을 경험하시고 또 그 절망을 기꺼이 도우셨던 예수님의 성육신(成肉身, Incarnation)이 여기에 해당한다(빌2:5-8). [개역개정판]은 '동정하다'(히4:15; 벧전3:8)로 번역했다.

대속사역을 성취하는 것이다.

① 하나님(나라)을 보여주기 위하여: 임마누엘(하나님이 우리와 함께 하심)을 위함이다.(요14:9; 14:16)[21]

② 이 세상의 모든 죄를 없애려 오심: 속전(贖錢)의 대가를 지불하시고 우리를 죄로부터 자유하게 하심과 구원을 위함이다.(요1:29; 골2:14; 롬5:9)[22]

③ 사단의 궤계를 무너뜨리고 마귀를 도말하려 오심: 우리를 사단의 권세에서 구원하심으로 해방시키심이다.(히2:14-15)[23]

④ 인류 구원을 위한 하나님의 어린양과 화목제물이 되시려고 오심: 대속의 죽음(피 흘림의 제사로 의(義)의 제물이 되심)을 통하여 하나님의 진노를 푸실 의와 화목 제물이 되시려 오신 것이다.(고후5:19; 5:21)[24]

⑤ 영생구원의 길, 곧 믿음으로 경주하는 길을 친히 그리스도께서 우리에게 모본으로 보여 주시려 오심: 주님이 우리 인간의 몸을 입

---

21) "예수께서 이르시되 빌립아 내가 이렇게 오래 너희와 함께 있으되 네가 나를 알지 못하느냐 **나를 본 자는 아버지를 보았거늘 어찌하여 아버지를 보이라 하느냐**"(요14:9) "내가 아버지께 구하겠으니 그가 또 다른 보혜사를 너희에게 주사 **영원토록 너희와 함께 있게 하리니**"(요14:16)

22) "이튿날 요한이 예수께서 자기에게 나아오심을 보고 이르되 **보라 세상 죄를 지고 가는 하나님의 어린 양이로다**"(요1:29) "우리를 거스르고 불리하게 하는 **법조문으로 쓴 증서를 지우시고 제하여** 버리사 십자가에 못 박으시고"(골2:14) "그러면 이제 우리가 **그의 피로 말미암아 의롭다 하심을 받았으니** 더욱 그로 말미암아 진노하심에서 구원을 받을 것이니"(롬5:9)

23) "자녀들은 혈과 육에 속하였으매 그도 또한 같은 모양으로 혈과 육을 함께 지니심은 죽음을 통하여 **죽음의 세력을 잡은 자 곧 마귀를 멸하시며** 또 죽기를 무서워하므로 한평생 매여 **종노릇하는 모든 자들을 놓아 주려 하심이니**"(히2:14-15)

24) "곧 하나님께서 그리스도 안에 계시사 **세상을 자기와 화목하게 하시며 그들의 죄를 그들에게 돌리지 아니하시고** 화목하게 하는 말씀을 우리에게 부탁하셨느니라"(고후5:19)"하나님이 죄를 알지도 못하신 이를 **우리를 대신하여 죄로 삼으신 것은 우리로 하여금 그 안에서 하 나님의 의가 되게 하려 하심이라**"(고후5:21)

으시고 율법과 선지자의 요구를 온전히 완성하심으로, 연약한 우리들도 예수 그리스도 안에서 보혜사 성령 하나님의 능력으로 세상과 사탄과 죄와 유혹을 반드시 이길 수 있음을 우리에게 친히 모본이 되어 주신 것이다(요14:12)[25].

B. 성육신의 과정적 결과로서 나타난 일들[26]: 신성과 인성이라는 서로 상반되어 보이는 양성(Two Natures)이 "한 인격 안에서 연합되어 있다"

영원하신 성자 하나님의 인격이 인성(Human nature)을 취하여 들이신 일이니, 그 결과 신성과 인성이 예수 그리스도라는 한 인격 안에서 "나누어질 수 없게 연합된"(Inseparably united and joined together) 것이다. 중요한 것은 신성과 인성이라는 서로 상반되어 보이는 양성이 "한 인격 안에서 연합되어 있다"(United in a single person)는 사실이다. 이것이 성육신의 매우 주요하고 핵심적인 과정으로서의 결과인 것이다. 이것은 개혁신학이 강조하는 성육신 교리의 한 요소인 것이다.

첫째로, 이 일은 오직 예수 그리스도에게서만 일어난 유일한 일이다. 이와 꼭 같은 것이나 비슷한 것이 다른 존재나 사람에게서 나타난 일도 없고, 또 다시 반복될 수도 없는 것이다. "하나님께서 어느 때에 천사 중 누구에게 너는 내 아들이라 오늘 내가 너를 낳았다 하셨으며 또 다시 나는 그에게 아버지가 되고 그는 내게 아들이 되리라 하셨느냐?"(히1:5)고 하는 히브리서 기자의 말을 유의해야 한다. 오직 성육신하신 그리스도만이 영원하신 하나님으로서의 신성

---

25) "내가 진실로 진실로 너희에게 이르노니 **나를 믿는 자는 나의 하는 일을 저도 할 것이요 또한 이보다 큰 것도 하리니** 이는 내가 아버지께로 감이니라"(**요14:12**)

26) 이승구, 「성육신의 결과」, 개혁신학과 우리사회이야기, 네이버 지식, (2021. 7. 4. 21:15 입력).

(Divinity)도 가지시고, 참된 인간성(Humanity)도 가지신 것이다. 이것을 제거하면 기독교가 사라지게 된다.

둘째로, 삼위 하나님 중에서 오직 성자 예수님에게만 일어난 이 일로 <u>예수님 안에 신성과 인성이 변화됨 없이(Immutabiliter), 혼합됨 없이(Inconfuse), 그리고 완전히 나뉘어짐 없이(Indivise), 분리 불가능하게(Inseparabiliter) 예수 그리스도라는 한 인격 안(In the One Person)에 연합되었다.</u>

셋째로, 그러므로 성육신 이전과 이후에 성자의 신성의 변화가 조금도 없으며, 또한 그리스도께서 취하신 인성이 신성이 되거나 신성에 흡수되는 것이 아니다. <u>그래서 그는 참된 신·인성연합을 가지셨다</u>고 말하는 것이다.

이상의 요점을 잘 기억하는 것은 매우 중요하다. 이 요점을 잊게 되면 생각하는 과정에서 지나친 경우에는 이단(異端)이 되고, 아니면 잘못된 생각을 하게 되는 오류를 범하는 경우가 흔히 있게 되는 것이다.

7) 성육신 교리에 대한 요점 정리

우리는 과연 성육신하신 예수님의 인격이나 정체성 그리고 십자가 대속사역을 진정 바르게 알고 있으며, 이를 신앙에 적용하는 바른 믿음을 갖고 있는 것인가를 점검하는 것은 매우 중요하다. 성육신 교리에 관한 지금까지 논의한 내용을 다음과 같이 요약한다.

(1) 그리스도의 성육신의 의미, 필요성과 그 결과, 선재하신 하나님, 죄가 없는 인간, 신인양성연합의 단일인격을 가지신 중보자, 왕이신 제사장이 되심을 고백!

예수 그리스도의 성육신은 영원한 하나님, 곧 삼위일체 하나님의 제 2위격이신 성자 하나님께서 신성으로는 멜기세덱의 반차(시110:4)에서, 인성(육신)으로는 다윗의 혈통(사9:6)에서 동정녀 탄생으로 나셨다. 이는 메시아 족보에 대한 구약의 예언이 역사 속에서 성취됨과 하나님의 아들(신성)이 인간의 몸(인성)을 입으시고 이땅에 오심(임마누엘)을 의미하는 역사적 진리이다. 성자는 삼위 하나님 중 유일한 인성을 입으신 분이시고, 역사에 선재하셨으며 죄가 없는 참 사람이시다.

성육신의 필연성 내지 그 필요성에 대하여는 그리스도께서는 그의 전능한 능력으로 사망(죽음)을 정복하기 위해서 참 하나님이셨으며(True God in order to conquer death by his power), 인간 몸의 연약성을 취하셔야 우리들을 위해 죽으실 수 있기 위해서 참 사람(Truly human that he might dic for us in the weakness of his flesh)이 되신 것으로 구속적 관점에서 이해해야 할 것이다. 이를 위하여 그리스도의 신·인성 양성은 한 인격 안에서 연합하지만 각각의 독특성은 계속 유지되어야 한다는 것을 분명히 선포해야 할 것이다. 이것이 성경과 칼케톤 신조 정의에 충실하려는 개혁주의의 강조와 부합하기 때문이다.

(2) 인간의 온전한 구속(救贖)을 위해 타락한 인간의 몸과 영혼을 취하신 그리스도로 고백!

오늘도 주님은 우리에게 "너희는 나를 누구라고 하느냐"(마16:15)라고 질문하고 계신다. 열두 사도중 수제자로서 베드로가 잘 대답하여 칭찬을 들었던 것과 같이, 우리도 "주님은 그리스도시요,

살아계신 하나님의 아들" 곧 그의 신성을 바르게 고백해야 한다. 나
사렛 예수가 '신적인 메시아'이심을 제대로 고백하는 곳에 기독교
가 존재한다. "예수는 메시아, 곧 그리스도다"라는 것이 초대교회의
기독교 선포(케리그마, Kerygma)였고, 오늘 우리의 본질적 신앙고
백(Credo)인 것이다.

이 대답이 중요한 이유는 인간이 타락했을 때, 전적 타락 곧,
그 몸과 영혼이 다 같이 타락했었기에 인간의 타락한 몸과 영혼
을 다 취하신 그리스도께서 십자가에서의 구속과 부활에 우리를
동참시켜 주심(우리의 죄인 됨을 대신하여 주님이 죄인이 되심)
으로써 영혼과 몸 전체로서의 온전한 인간이 되도록 우리를 구속
(Redemption)하셨기 때문이다. 그래서 우리는 그리스도께서 인
간성(인성)의 몸과 영혼을 온전히 다 취하셨음(100% 사람임)을 분
명히 고백해야 하는 것이다.

그리스도께서 인간의 영(靈)은 취하지 않으셨다고 주장하던 라
오디게아의 감독 아폴리나리우스와 같이 생각하거나 말하는 것은
이단적이다.[27] 우리 신앙의 선배들은 전통적으로 그리스도께서 온
전한 인간성(영혼육) 전체를 취하셨음을 강조해야 한다고 주장해오
고 있다. 히브리서 기자도 "자녀들은 혈과 육에 속하였으매 그도 또
한 같은 모양으로 혈과 육을 함께 지니셨다"라고 했다(히2:14).[28]

---

27) **아폴리나리스**는 그리스도가 진정한 중보자가 되기 위해서는 참 하나님인 동시에 참
사람이어야 한다고 주장하였으나 그리스도의 완전한 인성을 인정할 경우 제기될
위험을 경계하려 하였다. 즉 그리스도께서 우리와 똑같이 인간이 되셨다면 그의
무죄성은 보장될 수 없고 그의 속죄 사역도 보증될 수 없을 것으로 생각했다.
또한 한 인격체 안에 선성과 인성이 똑 같이 존재할 경우 변하기 쉽고 죄짓기 쉬운
인간의 의지가 하나님의 의지와 조화될 수 없다고 생각했다. 그래서 아폴리나리스는
그리스도의 인성에 있어서 인간의 영혼 대신 '로고스'를 대입함으로 구세주로서의
자격을 부여하고 의지의 통일을 기하려 하였다. 그러나 이것이 결과적으로
그리스도의 진정한 인성을 부인하는 결과를 가져오게 되었다.

28) [히2:14] "자녀들은 혈과 육에 속하였으매 그도 또한 같은 모양으로 혈과 육을 함께
지니심은 죽음을 통하여 죽음의 세력을 잡은 자 곧 마귀를 멸하시며}

우리의 몸과 영혼을 다 구하시려고 그리스도께서 우리의 인간성 전체, 즉 '인간의 몸과 영혼을 취하셨으나 죄는 없으시다'고 믿는 것이 성육신을 바로 이해하고 믿는 것이다.

(3) 성육신 교리를 온전하게 깨닫지 못하면 '십자가의 도와 구원의 성취'에 대한 이해가 불투명 해 진다.

이와 같이 성육신의 방식을 통해 그리스도께서는 참으로 우리의 '임마누엘'이 되셔서 "하나님께서 우리와 함께 계시는 것"이다(마 1:23)[29]. 이것을 바르게 이해하지 못한다면 이 땅에서 참 기독교가 없어지는 것이 된다. 하나님께서는 항상 우리와 함께 하심을 인정해야 한다. 따라서 매일 매일의 삶 가운데 우리가 항상 성령 하나님과 함께 하는 영적 삶을 살지 않는다면 우리는 그리스도께서 이 세상에 오신 것을 부인하는 자들과 같은 사람이 되는 것이다. 또 예수 그리스도 없이는 우리는 하나님과 함께 있는 것이 아니다. 우리는 오직 그리스도에게서만 유일한 참 사람됨이 있음을 천명하고, 우리가 그리스도 안에서 참 사람의 모본이 되신 주님과 함께 하나님 앞에서 참 사람됨을 구현해가며(성화), 한편, 다른 사람들을 그리스도와 함께 할 수 있도록 인도하는 일(복음전도)에 최선을 다해야 할 것이다.

4. 기독교 초기교회 역사 속에 나타난 정통주의 '성육신 교리'를 부정한 비기독교 이단들?

---

29) [마1:23] "보라 처녀가 잉태하여 아들을 낳을 것이요 그의 이름은 임마누엘이라 하리라 하셨으니 이를 번역한즉 하나님이 우리와 함께 계시다 함이라"

사도 요한은 [요한이서 1장:7-8절]에서 "예수 그리스도께서 육체를 입으시고 오심을 부인하는 자가 미혹하는 자이며 곧 이단(異端)"이라고 성경에서 선포하고 있다.[30]특별히 성육신 교리에 대적하는 이단을 경계할 것을 강조하고 있다. 기독교 초기의 이단들은 주로 예수님의 성육신을 부인하는 자들이며, 예수님의 십자가 죽음을 부인하는 자들이었다. 오늘날에는 예수님의 재림과 관련된 이단들 또는 자신이 재림 예수라고 말하는 자들도 있다. 예수 그리스도는 하나님의 아들이시며 인간의 육신을 입고 오셔서 십자가에 죽으시고 하늘에 오르사 심판주[31]로 다시 오실 것이다. 너희는 스스로 삼가 우리가 일한 것을 잃지 말고 오직 온전한 상을 받으라. 그러므로 "복음 밖으로 벗어나지 마라." 지나쳐 그리스도의 교훈 안에 거하지 아니하는 자는 다 하나님을 모시지 못하되 그리스도 안에 거하는 그 사람은 아버지와 아들을 모시느니라고 믿음의 자녀들에게 권면하고 있는 말씀이다.

예수 그리스도의 성육신(인성을 취하심)이 없다고 부정하면 하나님의 구원은 불가능한 것이 된다(롬6:23, 히9:22). 이로서 초대교회에서부터 지금까지 성육신 교리에 대한 이해의 부족으로 여러 이단들이 출현되어 왔다. 본 장에서는 대표적인 이단성에 대하여 간략하게 짚어보고, 자세한 내용은 다음 장과 [부록]에서 그리스도의 신·인성, 즉 양성과 관련된 기독교 역사상에서 논쟁이 된 이단들에 대하여 종합적으로 정리하도록 할 것이다.

1) **아리우스주의**(Arianism): 알렉산드리아 교회의 장로이었던

---

30) "미혹하는 자가 세상에 많이 나왔나니 이는 **예수 그리스도께서 육체로 오심을 부인하는 자라 이런 자가 미혹하는 자요 적그리스도니** 너희는 스스로 삼가 우리가 일한 것을 잃지 말고 오직 온전한 상을 받으라"(요이1:7-8).
31) [요5:22] "아버지께서 아무도 심판하지 아니하시고 심판을 다 아들에게 맡기셨으니", 백보좌 시판주?

아리우스는 그리스도께서 창세전부터 계셨던 하나님이심을 인정함에 주저함이 없었다. 그러나 아리우스는 성자가 성부에게서 출생하신 분이기 때문에 시작이 있으므로, **성자는 성부보다 열등한 제2격의 하나님이라고 주장했다**. 아리우스는 성자가 성부에게서 낳아졌다고 인정했다. 그런데 그는 '낳아졌다'(γεννη θέντα)라는 용어를 '성부에 의해 피조되었다'는 말과 동의어로 간주했다.이 같은 아리우스의 주장은 알렉산드리아 교회의 대 집사이었다가 후에는 감독이 된 아타나시우스와 AD 4세기 초에 큰 논쟁(아리우스 논쟁)에 휩싸였다. 이 논쟁을 종식시키기 위해 소집된 니케아 회의(AD 325)는 아리우스의 주장을 이단으로 정죄하였다.

2) **도케티주의**(Docetism): 도케티파의 중심사상은 예수님이 참사람은 아니고 다만 사람처럼 보였다는 것이다. 예수님은 인간적인 존재라기보다는 유령(ghost)과 같은 하나의 환영(幻影, Apparition)이라는 것이다.[32] 그리하여 그리스도의 인성(Humanity)과 도성인신(The Word became flesh)을 부인한 것이다. 1세기 후반기에 말시온파, 2세기의 그노시스파, 3세기의 마니교들은 주장하기를 "그리스도는 실제적 사람이 아니라, 헬라의 신화에서와 같이 사람의 모양으로 나타나신 것뿐이다"라고 하면서 예수 그리스도의 인적 실체의 실재성 즉 인성을 부인하였다. 그 이유는 물질은 고유적으로 악하다는 헬라인들의 이원론적 영지주의 철학사상에 기인(起因)하였기 때문이다. 그들은 그리스도의 성육신의 개념을 하나님이 볼 수 있는 환영(幻影)의 형태로 나타나셨다는 것을 의미하여, 영과 육신의 직접적인 접촉을 부인하였다.

---

32) J. F. Bethune Baker, An Introduction to the Early History of Christian Doctrine 〈London: Methuen, 1903〉, p. 80.

3) **네스토리안파**(Nestorianism): 네스토리안파 이단은 <u>그리스도의 양성 연합을 부인하고 그리스도를 양성(Deity and humanity)으로 분리하였다.</u> 네스토리우스는 설명하기를 예수 그리스도를 신인의 그리스도(Divine-Human Christ)로 인식하는 대신에 신과 인(Divine and Human)의 그리스도로 만들었다. 네스토리안파는 초기 아리안주의(그리스도의 신성의 완전성 부인함)를 반대하고 그리스도의 완전한 신성을 변호하되 그의 참된 인성을 부인함 없이 하려는 노력에서 그리스도는 실제로 신인양성의 분리 교리로 발전되었다. 네스토리안파는 신성과 인성의 연합을 인정하지 않았으며, 연합보다는 연결(Conjunction)이라는 표현을 사용하였다.[33] 그리하여 네스토리안파는 그리스도 안에 양성의 진정한 연합을 부인하였다. 네스토리우스 콘스탄티노플 대감독은 에베소 회의(AD 431년)에서 이단으로 정죄 받았다.

4) **유티케스주의**(Euthycianism): 이렇게 성육신에서 그리스도의 양성이 한 인격에 있다는 것을 잘못 이해한 네스토리안파에서 더 나아가, 이제는 <u>그 인성과 신성의 혼합이 일어나 인성도 아니고 신성도 아닌 제 3의 성질로 변하여 신성화된 인성을 가지고 있다고 생각하는 것도 이단적 생각이다.</u> 실제로 이렇게 주장했던 부류의 사람들이 있었으니 이들을 유티케스 또는 유티케스주의라고 명명(命名)하였다. 콘스탄티노플의 늙은 수도사 유티케스는 네스토리우스를 반대하여, 그리스도께서는 오직 하나의 본성을 가지셨다고 했다. 그러나 신성도 인성도 아닌 제3의 성(tertium quid)으로 변했다고 주장했다. 즉 <u>성육신 이후 그리스도는 오직 한 품성-제3의성</u>

---

33) A.B.Bruce, The Humiliation of Christ in its Physical and Official Aspects, pp. 50-51.

<u>을 가지게 되었다고 하였다. 그래서 그리스도의 몸은 우리와 동일
하지 않다고 하였다.</u>[34] 이러한 이단성들은 칼케톤 공의회(451년)에
서 이단으로 정죄되었다.요약컨대, 성자의 온전한 신성을 부인하면
서 '성부 보다는 조금 못하신 하나님', 또는 '피조된 하나님'이라고
말하는 아리우스주의(Arianism)도 진정한 기독교가 아니듯이 성
자 하나님의 신성을 온전히 부인하면서 '예수님은 그저 온전한 사
람이고, 우리의 좋은 선생님이며, 모범적이신 분으로 치부하는 도
케티파, 유니테리언주의, 소시니우스주의, 여호와의증인, 나아가
아돌프 하르낙과 같은 부류의 현대자유주의 신학자 등도 진정한 기
독교가 아닌 것이다.

　또한 성자는 온전히 하나님이시니 졸지도 아니하셨다고 인성을
부정하는 생각도 비기독교적인 것이며, 성자는 그의 어머니로부터
인간의 몸만을 취하셨다고 말하면서 그가 인간의 영혼을 취하셨다
는 것(완전한 인성)을 부인하는 사람들도 또한 이단이며 기독교적
바른 가르침으로 볼 수 없는 것이다.

　그리고 그리스도의 신성과 인성이 따로 분리된 인격을 가지고
있어서 결국 그리스도는 신성의 인격과 인성의 인격, 즉 두 인격(이

---

34)　이 점을 **유티케스**는 다음과 같은 예로 설명하였다. 인성은 마치 바다에 떨어지는
　　물방울이 바다에서 녹아 버리듯 **인성은 신성에 의해 완전히 흡수되었다고 하였다.**
　　그래서 그리스도의 인성의 완전성은 폐기되었고 실제로 인성은 이미 존재하지
　　않는다고 하였다(사실 이런 점을 우려했던 것이 네스토리우스의 생각이었다).

중인격)을 가졌다고 가르치는 네스토리안파 역시 이단[35]으로서 모두 정죄를 받은 것이다.

5. 존 칼빈(John Calvin)의 '그리스도의 성육신과 신·인성 교리' 이해

존 칼빈은 그의 불후의 저서 기독교 강요(Institutes of the Christian Religion)를 통하여 그리스도의 성육신, 즉 우리의 구속을 위해 그리스도의 신, 인성을 입으심에 대하여 다음과 같이 정리해 주고 있다.

A. 그리스도는 왜 인간이 되셔야(성육신) 했는가?(기독교 강요 2권 12장)

1) 그리스도께서는 중보자의 직책을 수행하시기 위해서 사람이 되셔야 했다(딤전2:5).

"하나님은 한 분이시요 또 하나님과 사람 사이에 중보자도 한

---

35) 안디옥학파와 **네스토리우스(Nestorianism)의 주장**: 이 논쟁(論爭)의 시초는 안디옥학파의 데오도(Theodore of Mopsuestia, 350-428)에서 시작되었다. 그들은 신인 양성의 구별에 중점을 두고 양성의 합치는 처음부터 완전한 것이 아니며 점진적인 것으로 보았다. 네스토리우스는 일성론자(一性論者, Monophysites, 일성론자란 예수 그리스도는 오직 하나의 본성만을 가졌으며 신성이 인성을 흡수하였다는 주장)들과 대항하는 과정에서 그리스도의 두 본성, 인성과 신성을 각각 강조한 나머지 마치 그리스도가 두개의 인격을 가지고 있는 듯한 교리를 주장하였다. 즉 이들은 신인 양성의 관계를 설명할 때 신성과 인성의 분리를 강조하였다. 안디옥학파는 그리스도의 신성과 인성의 관계를 설명하면서 신자의 마음속에 내주하시는 그리스도의 경우와 같이 예수님의 신성은 인간 예수의 몸을 성소(聖所)로 삼아 내주하는 것이라고 하였다. 로고스는 그리스도의 육체를 거처로 채용한 뿐이므로 로고스와 육체 곧 신성과 인성은 혼동될 수 없는 별개의 품성이라고 하였다. 따라서 그리스도의 두 품성은 진정한 결합을 통해 인격의 통일을 이룬 것이 아니라 조화된 의지의 일치를 통해 도덕적으로 결합된 것뿐이라고 했다. **결국 예수는 두 본성을 지닌 두 인격으로 보았다.**

분이시니 곧 사람이신 그리스도 예수라"(딤전2:5)

"바울이 중보자를 묘사할 때 '사람'이란 말을 생략하고 '하나님'이라고 할 수 있었지만 '사람'이라고 한 것은 이 '사람'이 우리의 연약함을 아시고, 우리 곁에 계시고 우리와 접촉하시는 육신(몸)이라는 사실을 가르쳐 주신다"(2권 12장 1절).

2) 그리스도의 성육신은 가장 위대한 신비이다: 중보자는 참 하나님이시며 참 사람이셔야 한다.

"우리의 구속자가 되실 분은 참 하나님이시며 참 사람이신 것이 필수적이었다. 그의 임무는 죽음을 삼켜버리는 것이었다. '참 생명'이 아니면 누가 이 일을 할 수 있었겠는가? 그의 임무는 죄를 정복하는 것이었다. '의(義)' 자체가 아니면 누가 이 일을 할 수 있었겠는가? 그의 임무는 세상과 공중의 권세들을 괴멸시키는 것이었다. 세상과 공중보다 더 높은 권능이 아니면 누가 이 일을 할 수 있었겠는가? 그런데 생명이나 의나 하늘 주권과 권위는 오직 하나님께만 있지 않다면 어디에 있겠는가?"(2권 12장 2절).[36]

B, 우리 주 예수 그리스도는 진짜 사람의 몸을 입으신 것이다: 그리스도는 '사람의 육신의 진정한 본질'을 취하셨다(기독교 강요 2권 13장).

3) 칼빈은 그리스도의 진정한 인성을 증명하면서, 마르키온파와 마니교도를 배척: 존 칼빈은 영과 육, 정신과 물질을 이원화시키고 육과 물질을 무시하는 영지주의 영향을 받은 마르키온파(그리스도의 몸을 한낱 가현에 지니지 않는다는 '가현설'을 주장함)와 마니교

---

36) 존 칼빈, 김종혁, 신복윤, 이종성, 한철하 공역, 「기독교 강요(상)」, (생영의말씀사: 서울, 2009), p. 646.

도(그리스도는 천상적 육신을 받으셨다는 천상적 육신론을 주장함) 등의 이단적 기독론을 강력히 배척했다.[37]

4) 개혁주의의 특징적 교리로서의 성육신-그리스도는 참 사람이지만 죄가 없으시고, 참 사람이지만 영원한 하나님이시다(2권 13장 4절): 하나님의 말씀이 육신이 되셨다면 그는 지상적인 신체라는 좁은 감옥 안에 갇혀 있을 것이라고 생각하겠으나 그것은 철면피한 말이다. "무한한 본질의 말씀이 인간의 본성과 연합하여 한 인격이 되셨더라도, 우리는 그분이 그 속에 갇혀 계셨다고는 공상하지 않는다. 여기에 놀라운 일이 있도다. 하나님의 아들이 하늘에서 내려오셨지만 하늘을 떠나지 않으셨도다. 놀랍도다. 그분이 처녀의 태중에 계셨고 지상에 다니셨으며 자의(自意)로 십자가에 달리고자 하셨고 그 분은 맨 처음부터 하신 것과 똑같이, 항상 우주에 편만하셨도다"(2권 13장 4절).[38]

5) 중보자의 두 본성은 어떻게 하나의 위격을 이루는가?(기독교강요 2권 14장): 신성과 인성이 고유한 속성을 유지한 채 한 인격 가운데 연합된다. 신성에 따라서는 아버지와, 인성에 따라서는 우리와 동일 본질이 되셨다(칼케톤신경, 451년).

(1) 양성의 혼합, 분리 이 모두를 배격: 두 본성의 융합 또는 분리로 생각함을 금지한다.

(2) 본질의 혼합이 아니라 인격의 하나 됨(연합 또는 통일됨)

37) 존 칼빈, 김종혁, 신복윤, 이종성, 한철하 공역, 「기독교 강요(상)」, (생영의말씀사: 서울, 2009), p. 657-660.
38) 존 칼빈, 김종혁, 신복윤, 이종성, 한철하 공역, 「기독교 강요(상)」, (생영의말씀사: 서울, 2009), p. 666.

이다(2권 14장 1절).[39]

(3) 신성과 인성은 위격(Person)이 아니라 특성과 본성(Nature)이다.

(4) 이러한 전제가 없이는 대속(代贖)이라는 개념 자체가 공허(空虛)해진다.

6) 양성분리론자, '네스토리우스(Nestorianism)'의 오류[40]를 배척: 그리스도의 인성과 신성을 구별하지 않고 분리하여 이해함으로서 두 인격의 그리스도로 만들어, 참 하나님이시며 동시에 참 사람이심을 부인하였다. 이에 대하여 칼빈은 그리스도께서는 하나님과 사람이시며, 두 본성이 통일되었으나 혼합되지 않은 고로 "그리스도는 인성 때문이 아니라 인성에 의해서까지도 우리의 주가 되시며 하나님의 참 아들이시다. 성경은 하나님의 아들이라는 칭호를 동정녀에게서 나신 이에게 적용하며(눅1:32), 그 처녀를 우리 주의 어머니[41]라고 부른다(눅1:43)"(2권 14장 4절).

---

39) 칼빈은 그리스도의 인성과 신성을 [이중성과 통일성]으로 다음과 같이 설명한다. "말씀이 육신이 되셨다"는 말을 말씀이 육신으로 변했다거나, 말씀이 육신과 혼합되어 분간할 수 없게 되었다는 뜻으로 해석해서는 안 된다. 이 발언은 말씀이 그 계실 성전으로서 동정녀의 태중을 택하셨으므로 하나님의 아들이신 분이 사람의 아들이 되었다는 뜻이다. 여기는 본질의 혼합이 있는 것이 아니고, 위격(位格, Person)의 통일이 있었다. 하나님 아들의 신성은 그의 인성과 결합 통일되어 두 본성은 각각 그 특이성에 손상을 받지 않은 채 결합/연합하여 한 그리스도를 이루었다고 주장하였다.

40) 네스토리우스는 그리스도의 신성과 인성을 아주 분리시킨 탓으로 에베소회의(431년)에서 알레산드리아의 키릴(Cyril)의 주동으로 정죄되었다.

41) 테오토코스, 또는 데오토코스(헬라어: Θεοτόκος)는 예수 그리스도의 신성(神性)을 즉, 예수는 사람이 된 하나님이라는 그리스도론을 강조하기 위한 목적으로, 성모 마리아를 통해 예수 그리스도가 인성(人性)과 함께 신성(神性)을 지닌 존재로 태어났다는 것을 의미하는 '신성 출산(하나님의 어머니)'을 의미하는 기독교의 용어이다. 즉, 교회에서 심각한 문제를 일으켰던 초기 기독교 영지주의의 가현설과 네스토리우스학파를 주장을 신학적으로 대응하기 위해서 예수 그리스도가 몸을 입은 인간이었으며, 동시에 신성을 지닌 존재라는 기독론 용어이다. 동방교회에서는 이를 마리아는 삼위일체 하나님인 성자, 예수를 낳은 '하나님인 예수의 어머니'가 된다는 교리를 말한다.

7) 단성론자: 유티케스(Euthycianism)의 오류를 배척-그리스
도의 신인 양성이 혼합된 제 3의 무엇이 되었다고 주장하였다: 이
에 칼빈은 성경을 인용하여, 만일 그리스도의 몸 안에 그 몸과 다른
신성이 계시지 않았다면, 그리스도는 자신의 몸을 성전이라고 부르
시지 않았을 것이다. 그러나 "그리스도께서는 당신의 몸을 성전이
라고 부르셨다(요2:19)"[42](2권 14장 4절).

8) 한 위격 안에서 양성의 교통-이는 마치 삼위일체 유일신 하
나님의 교제 교통하심과 동일하다: "동일하신 그분 자신께서 하나
님이시자 사람이셨으므로, 양성의 연합으로 말미암아 한 본성에 속
한 것을 다른 본성에 주고자 하셨다"(2권 14장 2절). 즉, 같은 분이
하나님이시며 또 사람이었으므로, 신인 양성의 통일을 위해서 한
쪽에 속한 것을 다른 쪽에 주신 것이다.[43]

9) 신인 양성의 교통은 오직 위격을 통해서만 가능하다: 신성이
나 인성 한편의 고유한 속성을 말하는 말씀들을 읽을 때 양성의 위
격적 연합의 관점에서 읽어야 한다. 양성의 구분(區分)은 가능하지
만, 분리(分離)는 안 된다.

(1) 신성(요8:58; 골1:15,17; 요17:5; 5:17): 주님은 영원한 신
적 본질(신성)을 가지셨을 뿐 아니라 동시에 이 땅에 사람의 아들
(인성)로 오셔서 대속사역을 이루신 분이라는 사실이 중요하다.

(2) 인성(사42:1; 요8:50; 6:38; 눅2:52; 24:39; 요14:10; 막
13:32): 사람과 동일한 연약함을 가지셨고 시간에 따라 성장하는
분이셨으나 동시에 참 하나님이시므로 언제든 완전하고 불변하시

---

42) **[요2:19]** 예수께서 대답하여 이르시되 **너희가 이 성전을 헐라** 내가 사흘 동안에
일으키리라
43) 존 칼빈, 김종혁, 신복윤, 이종성, 한철하 공역, 「기독교 강요(상)」,
(생명의말씀사: 서울, 1988), p. 670.

다.

10) 결론적으로, 참 하나님께서 성육신하심으로 구속주(救贖主)가 되시고 또한 우리의 연약함을 체휼하시는 중보자(仲保者)와 우리 주님이 되셨다: 그러므로 우리가 예수 그리스도를 깊이 생각함이 마땅하도다(히4:15).

"우리에게 있는 대제사장은 우리의 연약함을 체휼하지 못하실 이가 아니요 모든 일에 우리와 똑같이 시험을 받으신 이로되 죄는 없으시니라"(히4:15). 아멘!

Ⅲ. '그리스도의 신·인성(Diety-Humanity of Christ)' 교리 에 관한 성경적 고찰

기독교 신앙에서의 교리(Dogma)는 매우 중요하다. 그것이 없으면 신앙이 체계화되지 않을 뿐만 아니라 신앙으로 입문할 수도 없다. 그런데 예수님을 믿는다는 것은 단지 교리의 체계에 따라 그를 구주로 받아들이고 세례를 받으면 구원을 받고, 죽으면 하늘나라에 들어갈 수 있다는 전제(前提)가 다는 아니라 그 이상의 것이다.

고대 기독교 교회의 대표적인 교부철학자인 아우구스티누스(Aurelius Augustinus, 354-430)는 "삼위일체론을 무시하는 자는 구원을 잃을 위험에 처하고, 삼위일체론을 이해하려는 자는 지성을 잃어버릴 위험에 처할 것이다"라는 재미있는 말을 남겼다. 신학이나 교리에서 삼위일체론만큼이나 이해하기 힘든 주제가 바로 기독론(Christology)이다. 왜냐하면 기독론은 하나님에 대한 교리이면서 인간론에 관한 것이기 때문인데, "그리스도께서 어떻게 참된 하나님이시면서 동시에 참된 인간이신가?"라는 신비로운 주제에 대한 설명을 필요로 하기 때문이다.

왜 그리스도인은 예수 그리스도를 살펴 알아야 하는가? 그 근본적인 이유는 무엇인가?

이에 대한 대답은 단순히 예수 그리스도를 믿으면 구원을 받는다는 것이 아니다. 즉 예수 그리스도를 잘 알아보고자 하는 시도(試圖)도 없이 다만 "나는 무조건 예수 그리스도만 믿고 따르겠다"라는 고백만큼 미련하고 위험한 것은 없는 것이다.

성경(요17:3)은 영생(永生)이란 유일하신 하나님과 그가 보내신 아들 예수 그리스도가 누구인지를 명확히 아는 것이 중요하다고 말한다. 이 말은 주 예수 그리스도와의 관계를 통하여 가능한 한 주님을 더 많이 아는 것이 중요하다는 의미이다. 특히 내가 주님을 아는 것보다 주님이 나를 잘 아는 것이 더 중요하며 이것이 나의 구원과 직결된다는 뜻인 것이다. 존 칼빈(John Calvin)의 말과 같이 기독교에서는 예수 그리스도를 바르게 아는 것이 신앙과 믿음의 핵심이기 때문이다. 본 장에서는 그리스도의 본성(Nature)인 신성(Divinity)과 인성(Humanity)의 정통교리 및 이와 상반된 역사상의 이단들과의 논쟁에 대하여 살펴보려 하는 것이다. 그 순서는 그리스도의 [신성과 인성 교리]를 우선 정리하고 이후에 [그리스도의 신, 인성에 관한 이단들과의 논쟁사(The history of controversy with heresy)]에 대하여 기술하도록 하겠다.

1. 그리스도의 신성(Diety of christ)

초대교회 시대에서는 예수가 신(하나님)이라고 하는 데는 거의 이견이 없었다. 그러나 점점 세월이 지나 18세기 이후부터는 인간의 이성과 지성이 최고의 위치에 가 있었기에 인간은 이성으로 받아들이지 못하는 신비롭고 영적인 것 그리고 초자연적인 것들에 대한 것들을 철저히 배제(排除)하기 시작하였다. 그리하여 오늘날에는 인간의 이성을 초월하는 그리스도의 신성과 같은 주장을 받아들이기가 힘들게 된 것이다. 마침내 세상은 예수 그리스도의 신성을 제거하고 그를 세계의 4대 성인(聖人)이나 위대한 사상가(思想家) 정도로 전락시켜 버리게 된 것이다(시14:1-3)[44]. 그러나 성경은 말씀이 친히 육신이 되어 우리 가운데 오신 '예수 그리스도가 참 하나님이심'을 증거(요1:14)하고 있는 것이다.[45] 곧, 성경에서 "그리스도의 신성을 증명하는 방편 세 가지가 있으니, 즉 1) 하나님이신 예수를 선포하는 성경 말씀, 2) 그리스도의 칭호들 그리고 3) 예수의 신성에 대한 자각 등이다.[46]

1) 성경이 선포하는 '그리스도의 신성': 예수 그리스도는 참 하나님이시며 신적 본성을 소유함을 증언한다.

성경의 많은 부분들은 주 예수 그리스도의 신성에 대해 기록하고 있다. 신구약 성경은 궁극적으로, 멸망 받을 수밖에 없는 인간들

---

44) [시14:1] "어리석은 자는 그의 마음에 이르기를 하나님이 없다 하는도다 그들은 부패하고 그 행실이 가증하니 선을 행하는 자가 없도다"

45) [요1:14] "말씀이 육신이 되어 우리 가운데 거하시매 우리가 그의 영광을 보니 아버지의 독생자의 영광이요 은혜와 진리가 충만하더라"

46) 라울 데드랑 외, 「교리신학 핸드북」, (한국연합회 성경연구소: 서울, 2019), pp. 201-206.

을 구속하기 위해 육신으로 오신 영원하신 하나님의 말씀으로서의 예수 그리스도의 신성(하나님이신 예수 그리스도)을 증언하고 있는 것이다. 따라서 필자는 적어도 다음 여덟 경우에서 매우 명확하게 (Clear and cut) "예수님이 하나님이시라" 선포하고 있는 대표적인 성경 구절들을 정리하고자 한다.

(1) "이는 한 아기가 우리에게 났고 한 아들을 우리에게 주신 바 되었는데 그의 어깨에는 정사를 메었고 그의 이름은 기묘자라, 모사라, 전능하신 하나님이라, 영존하시는 아버지라, 평강의 왕이라 할 것임이라"(사 9:6).

이 구절에 의하면 한 아이가 태어날 것과 그 아이에게는 고유한 이름의 지위가 주어질 것이라는 사실을 알 수 있다. 사실 이러한 지위(地位)의 이름들은 모든 히브리 성경을 살펴볼 때 여호와 하나님 자신에게만 해당되는 이름들이었다. 선지자 이사야가 성령님의 인도 하에 이 구절을 기록하지 않았다면 그는 아마 모세의 율법에 의해 돌에 맞아 죽었을 것이다(신성모독죄, 레24:16)[47]. 하나님께만 사용할 수 있는 말들을 감히 아직 태어나지도 않은 아이에게 적용했기 때문이다. 그러므로 이사야는 신성을 가지고 태어날 아이, 즉 놀라운 분, 상담자, 능하신 하나님, 영원하신 아버지, 화평의 통치자라 불리며 태어날 아이가 메시아(그리스도)임을 증거 한 것이다. 이 아이가 바로 마태가 알고 있던 나사렛 예수 그리스도였다(마 1:22-23).

[이사야 43:10-11]에 따르면 여호와 하나님은 유일하신 하나

---

47) [레24:16] "여호와의 이름을 모독하면 그를 반드시 죽일지니 온 회중이 돌로 그를 칠 것이니라 거류민이든지 본토인이든지 여호와의 이름을 모독하면 그를 죽일지니라"

님이시다. 다른 곳에서는 "능하신 하나님"(사10:21)이라 불리신다. 그리고 [출애굽기 3:6]에서는 "야곱의 하나님"과 같은 분으로 기록되었다. 즉 명백하게 여호와 하나님과 "능하신 하나님"은 한 분이시며 같은 분이시다(렘32:18)[48]. 그러므로 성경해석학이나 주석을 들먹거릴 필요도 없이 본문(이사야 9:6)의 <u>예수 그리스도는 여호와 하나님[49]</u>, 즉 "놀라운 분, 상담자, 능하신 하나님, 영원하신 아버지, 화평의 통치자"이시다. 그러나 그리스도의 신성을 부인하는 현대판 아리우스파 이단인, 여호와의 증인은 예수 그리스도를 "능하신 하나의 신"이라고 하며, 이사야에서 말한 "능하신 하나님"을 예수 그리스도라고 말하지 않는다.[50]

(2) "태초에 말씀이 계셨고, 그 말씀이 하나님과 함께 계셨으니, 이 말씀은 곧 하나님이시니라"(요1:1).

[요한복음 1:1]은 예수 그리스도는 영원부터 계셨고 "그 말씀이 하나님이셨고", "그 말씀이 하나님과 함께 계셨다." 그리고 요한은 그 말씀을 아버지 하나님과 구별하여(1절 b) 그분이 동일한 본성을 아버지와 공유하고 있음을 다음과 같이 "이 말씀이 곧 하나님이시다"라는 사실을 단언하여 선포하고 있다. 이를 [요1:14절]에서는

---

48) [렘32:18] "주는 은혜를 천만인에게 베푸시며 아버지의 죄악을 그 후손의 품에 갚으시오니 크고 능력 있으신 하나님이시요 이름은 만군의 여호와시니이다"

49) 필자가 여기서 말하는 "예수 그리스도는 여호와 하나님이다"라는 의미는 예수와 여호와 하나님의 인격이 같다는 뜻이 아니라 **삼위일체 하나님의 제2격인 성자 아들로서 신성과 본질과 영광의 측면에서 같다(동일하다, '나와 아버지는 하나이다')는** 의미인 것이다.

50) 이렇게 주장하는 근거는 [이사야 9:6]에는 히브리어 관사가 없기 때문에 여호와 하나님을 의미하는 것이 아니라는 것이다. 그러나 [이사야 10:21]에도 히브리어의 관사는 없다. 그렇다면 야곱의 하나님이 여호와가 아니라는 말인가? 이는 [출애굽기 3:6]과 정면으로 충돌된다. 여호와의 증인들이든 언어학자들이든 상관없이 주 예수 그리스도는 "능하신 하나님"이시다. 예수 그리스도의 신성을 강조하는 것은 관사가 있느냐 없느냐가 아니라 성경 전체를 통해 문맥에서 어떻게 말씀하느냐를 파악하는 것이다.

이렇게 입증하고 있다. "그 말씀이 육신이 되어 우리 가운데 거하시므로(우리가 그의 영광을 보니, 아버지의 독생자의 영광으로서) 은혜와 진리가 충만하더라". 여기서 '아버지의 독생자'가 나사렛 예수로 그 신원이 밝혀짐으로서 본질적으로 '예수가 하나님이시라'는 것이 입증된다. 그리하여 요한복음 전체에서는 어떠한 의심의 여지도 없이 절대적인 예수 그리스도의 신성과, 예수 그리스도께서 하나님 아버지와 동일하심을 가르치고 있는 것이다. <u>따라서 [요한복음 1:1]은 "예수 그리스도의 신성, 하나님이신 예수", 즉 예수가 하나님과 동등한 존재되심에 상반하는 그 어떤 주장이나 이론이라도 타파(打破)하는 탁월하고 위대한 진리 선언문(宣言文)인 것이다.</u>⁵¹⁾

(3) "유대인들이 이로 말미암아 더욱 예수를 죽이고자 하니 이는 안식일을 범할 뿐만 아니라 하나님을 자기의 친 아버지라 하여 <u>자기를 하나님과 동등으로 삼으심이러라</u>"(요5:18).

이 구절은 분명하게 이야기를 서술한 구절로서, 영감을 받은 저자가 주 예수 그리스도와 유대인들 사이에 있었던 어떤 특정한 논쟁에 대해 본 것을 기록한 것이다. 요한은 유대인들이 예수 그리스도가 안식일을 범한 것뿐만 아니라 하나님을 자신의 아버지라고 부른 이유로 더욱 그를 죽이려 했다고 기록한다. 다시 말하면 유대인들의 생각에도 그러했고 요한의 생각에서도 예수 그리스도께서는 자신을 하나님과 동등하게 여기신 것이다. 요한은 분명히 이렇게 기록하였다. "자신을 하나님과 동등하게 여겼기 때문이라". 즉 이 부분은 유대인들의 견해가 아니라 성령님의 직접적인 영감을 받고 기록하였던 요한의 의견이다. 이 구절은 예수 그리스도가 하나님과

51) 라울 데드랑 외, 「교리신학 핸드북」, (한국연합회 성경연구소: 서울, 2019), p. 204.

동등하다고 주장했던 것임을 분명하게 가르친다. 예수 그리스도는 영원하심과 영광과 신격과 본질에 있어서 여호와 하나님과 실로 동등하시다(골2:9)[52].

(4) 예수께서 이르시되 "진실로 진실로 너희에게 이르노니 아브라함이 나기 전부터 내가 있느니라(I am)"하시니(요8:58).

이 구절은 예수 그리스도의 선재성을 선포하는 기록으로서 그리스도의 신성(Diety)을 부정하는 자들에게는 가장 치명적인 타격을 주는 성경 말씀이다. 예수 그리스도는 아브라함이 나기 전에 계심에도 불구하고 그들은 예수 그리스도께서 구약의 여호와 하나님이 아니라고 날조하고 있기 때문이다. 이 "I am"은 [출애굽기 3:14]에서 분명하게 하나님을 가리키는 말인데, 예수 그리스도께서는 자신을 여호와 하나님과 동일시하려는 의도로 "I am"을 가르치고 있기 때문이다. 이것이 분명한 것은 [59절][53]에서 유대인들이 이 말이 무엇을 의미하는지 이해했기 때문에 돌로 예수 그리스도를 쳐 죽이려 했다는 사실을 보아 알 수 있다. 왜냐하면 그들에게 있어 예수 그리스도는 신성모독죄에 해당하는 모세의 율법(레24:16)[54]을 범했기 때문이다.

주 예수 그리스도는 [요한복음 8장]에서 분명하게 자신은 영원부터 있었고 아브라함보다 앞섰으며 자신이 하나님이라고 주장하시면서, "아브라함이 나기 전부터 나는 있느니라(I am)"고 정확하게 말씀하셨던 것이다. 이는 "아브라함이 나기 전에 나는 여호와 하

---

52) "그 안에는 신성의 모든 충만이 육체로 거하시고"(골2:9)
53) "그들이 돌을 들어 치려 하거늘 예수께서 숨어 성전에서 나가시니라"(요8:59)
54) "여호와의 이름을 모독하면 그를 반드시 죽일지니 온 회중이 그를 돌로 칠 것이니라 거류민이든지 본토인이든지 여호와의 이름을 모독하면 그를 죽일지니라"(레24:16)

나님이다(I am Jehovah)!"라는 말과 같은 것이다.[55]

(5) "도마가 대답하며 이르되 나의 주님이시요 나의 하나님이시니이다"(요20:28).

누구나 이 "의심 많은 도마"에 대해서는 잘 알고 있다. 그는 예수 그리스도의 부활을 자신의 손으로 직접 만져보고 나서야 믿을 수 있었다. [요한복음 20장]은 주 예수 그리스도께서 실제적인 몸의 형태로 부활하여 도마에게 부활하신 몸을 보여 주심으로, 사람으로서 죽음을 이기셨다는 사실과 몸의 형태로 부활하셨다는 사실을 증명하고 있다. 도마는 이러한 하나님의 증거를 대했을 때 즉시로 "나의 주, 나의 하나님"을 고백하였다. 부활하신 주님께 경배하고 "육신으로 나타나신 하나님"으로서의 예수 그리스도를 찬양하며 경의를 표했던 것이다. 따라서 부활하신 그리스도의 신성을 부정하는 이들은 다음의 두 가지 사실을 인정해야할 것이다.

첫째, <u>예수 그리스도는 십자가에서 받았던 상처가 있는 그 몸의 형태를 지닌 채 나타나신 것이다.</u> 이는 피할 수 없는 증거이다. 예수 그리스도께서는 몸의 형태로 부활하신 것이지 환영(幻影)이나 단지 영적으로만 부활하신 것이 아니다.

둘째, 모세의 율법 하에서는 그 누구도 경배 받을 수 없다는 사실이다. <u>오직 여호와 하나님만이 경배를 받으신다(출20장).</u> 그러므로 도마가 예수 그리스도를 "나의 주, 나의 하나님"으로 경배했

---

55) 이 말의 의미는 예수의 선재성과 신성이 강조된 앞 [각주 48]과 동일한 것이다(필자 주).

을 때[56] 실제로는 신성모독죄를 범한 것이므로 예수 그리스도께서
는 즉시 도마를 꾸짖으셨어야 했다. 그렇지 않다면 도마가 말한 것
은 사실이다. 즉 예수 그리스도는 그의 주님이시고 그의 하나님이
시며, 아들 하나님으로서 여호와 하나님이신 것이다. 예수 그리스
도는 도마를 꾸짖지 않았을 뿐만 아니라 계속해서 제자들에게 자신
이 하나님이신 것을 가르치신 것이다. 도마와 마찬가지로 오늘 우
리 모든 그리스도인들에게도 주 예수 그리스도는 "나의 주이시며
나의 하나님"이신 것이다.

**(6) "만물이 그에게서 창조되되 하늘과 땅에서 보이는 것들과 보이지 않
는 것들과 혹은 왕권들이나 주권들이나 통치자들이나 권세들이나 만물
이 다 그로 말미암고 그를 위하여 창조되었고 또한 그가 만물보다 먼저
계시고 만물이 그 안에 함께 섰느니라"(골1:16-17).**

　　[골로새서 1장]은 예수 그리스도께서 삼위일체 하나님의 두 번
째 인격이신 성자 하나님이라는 사실을 참으로 위대하고 장엄하게
기록하고 있다. 위 성경 본문에서 사도 바울은 보이는 것이든 보이
지 않는 것이든, 보좌들이든, 주권들이든, 권세들이든 모든 것의 창
조주로서의 예수 그리스도를 묘사하고 있다. 바울은 이 모든 것들
이 예수 그리스도를 위하여 그리고 예수 그리스도에 의하여 창조되
었다고 말한다. 특히 [17절]은 예수 그리스도께서 만물 이전에 계
셨고(선재) 만물은 그로 말미암아 존속한다(섭리)는 사실을 강조하
는데 전혀 문제 삼지 않는다. 그러므로 예수 그리스도는 "만물 중"
의 하나가 아니라 만물의 창조주, 즉 하나님이신 것을 선포한 것이

---

56)　동방박사의 예배를 받으시는 그리스도[마2:2, 11]: "유대인의 왕으로 나신 이가
　　　어디 계시냐 우리가 동방에서 그의 별을 보고 그에게 경배하러 왔노라 하니"(마2:2)
　　　… "집에 들어가 아기와 그의 어머니 마리아가 함께 있는 것을 보고 엎드려 아기께
　　　경배하고 보배합을 열어 황금과 유향과 몰약을 예물로 드리니라"(마2:11)

<u>다.</u>

(7) "복스러운 소망과 <u>우리의 크신 하나님 구주 예수 그리스도</u>의 영광이 나타나심을 기다리게 하셨으니"(딛2:13).

바울은 디도서에서 교회는 "위대하신 하나님이시며 우리 구주이신 예수 그리스도의 영광스러운 나타나심"을 기다린다고 선언한다. 예수 그리스도는 재림 때에 죽은 자들을 일으키시고 살아있는 교회를 영원한 모습으로 변모시키시며 죄에 대한 대 환란의 심판의 날을 예고하신다. 본문은 어떤 자들이 그의 신성을 부인할지라도 교회는 여전히 예수 그리스도는 위대하신 하나님이시며 구주라는 사실을 확고하게 받아들이고 있는 것이다.

(8) "옛적에 선지자들을 통하여 여러 부분과 여러 모양으로 우리 조상들에게 말씀하신 하나님이 이 모든 날 마지막에는 <u>아들을 통하여 우리에게 말씀하셨으니</u> 이 아들을 만유의 상속자로 세우시고 또 그로 말미암아 모든 세계를 지으셨느니라 <u>이는 하나님의 영광의 광채시요 그 본체의 형상이시라 그의 능력의 말씀으로 만물을 붙드시며 죄를 정결하게 하는 일을 하시고 높은 곳에 계신 지극히 크신 이의 우편에 앉으셨느니라</u>"(히1:1-3).

"아들에 관하여는 하나님이여 주의 보좌는 영영하며 주의 나라의 규는 공평한 규이니이다 주께서 의를 사랑하시고 불법을 미워하셨으니 그러므로 하나님 곧 주의 하나님이 즐거움의 기름을 주께 부어 주를 동류들보다 뛰어나게 하셨도다 하였고"(히1:8-9).

히브리서 저자는 [1장 2-3절]에서 예수 그리스도는 "하나님의 영광의 광채시며 그 분의 인격의 정확한 형상"이므로 예수 그리스도 자신이 하나님의 신성을 가지신 사실을 분명하게 선포한다.[57]

히브리서는 신약성경의 어느 책보다도 예수 그리스도의 참된 신성을 증명하고 있다. 예수 그리스도께서 우리의 대제사장이며 아버지 하나님 앞에서 중보자(히4:14-15)[58]라는 사실뿐만 아니라 살아계신 하나님의 말씀으로서(히4:12) 우리 마음의 생각과 의도를 판별하시고 "어제나 오늘이나 영원히" 동일하신 분이심을 가르친다. 특히, 기억해야 할 것은 히브리서 저자가 교회에게 주는 교훈(히1:1-3)은 "우리 주님은 결코 피조물이 아니라 진리 안에 계신 영원하신 하나님의 말씀이며, 아버지 하나님의 영광의 광채시고(딤전3:16) 아버지 하나님의 성품에 의해 새겨진 바로 그 형상"이라는 사실이며, 그 하나님이 육신으로 나타나셨고 신성의 모든 충만함이 인간의 몸의 형태로 거하셨다(골2:9)는 사실이다.[59]

또한 히브리서 [1장 8-9절]은 (시45:6-7)[60]을 하나님께서 그분의 아들에게 하신 말씀을 제시하고 있다. "아들에 관하여는 하나님이여 주의 보좌가 영영하며 주의 나라의 홀은 공평한 홀이니이다 네가 공의를 사랑하고 불법을 미워하였으니 그러므로 하나님 곧 너

---

57) **아리안주의 이단**(AD 325년 니케아공회에서 정죄)이나 그의 추종자들인 여호와의 증인들은 주 예수 그리스도의 신성을 강력히 부인하여 예수 그리스도는 무에서 창조되었으며 육화되기 전에는 천사장 미카엘로서 천사의 성품을 지녔고 지상에서 인간으로서의 삶 동안에는 완전한 사람이었지 그 이상도 그 이하도 아니었다고 주장하였다가 이단으로 정죄 받았다(Let God Be True, 1946, p.87).
58) "그러므로 우리에게 큰 대제사장이 계시니 승천하신 이 곧 하나님의 아들 예수시라 우리가 믿는 도리를 굳게 잡을지어다 우리에게 있는 대제사장은 우리의 연약함을 동정하지 못하실 이가 아니요 모든 일에 우리와 똑같이 시험을 받으신 이로되 죄는 없으시니라"(히4:14-15)
59) 월간 「성경대로믿는사람들」, 1995년 10월(통권 43호), p. 69.
60) [시45:6-7] "하나님이여 주의 보좌는 영원하며 주의 나라의 규는 공평한 규이니이다 왕은 정의를 사랑하고 악을 미워하시니 그러므로 하나님 곧 왕의 하나님이 즐거움의 기름을 왕에게 부어 왕의 동료보다 뛰어나게 하셨나이다"

의 하나님이 즐거움의 기름을 네게 부어 네 동류들보다 승하게 하셨도다 하였고" 이 구절에서는 천사들, 모세보다, 또한 레위 지파의 반차를 좇는 대제사장보다도 띄어나신 바로 "그 아들(예수)을 하나님"으로 일컫고 있는 것이다. 즉 예수께서도 아버지와 마찬가지로 하나님의 본성을 소유하고 계신다는 것을 입증하는 말씀이다.

2) 그리스도의 신성을 입증(立證)하는 그리스도의 칭호(稱號)들: '메시아/그리스도', '주', '하나님의 아들'[61]

(1) 메시아/그리스도: '기름부음 받은 자'

히브리 단어 '메시아(헬: 크리스토스, Χριστός)'는 유대인들이 기다리고 있던 구원자 곧 하나님의 대리자로서 그분의 백성을 위해 새 시대를 열 인물을 일컫는 칭호이다. 신약의 기자들이 예수를 '그리스도'라 칭한 것으로 미루어 볼 때, 그들이 그분을 특정한 일을 위해 구별되었던 인물로 여겼던 것임이 분명해 보인다.

크리스토스(Χριστός)라는 칭호는 신약에 500회 이상 나타난다. 이로서 1세기의 유대인들 사이에서 메시아가 하나님과 특별한 관계를 맺고 있는 어떤 존재로 여겨졌다는 것은 큰 이견 없이 받아들여졌음을 알 수 있다. 그분은 시대의 종말을 알리게 될 것이며, 바로 그 때에 하나님은 자신의 백성을 구원하시기 위해 그분을 통하여 역사 속에 등장하실 것이었다. 예수께서 '메시아(Messiah)'라는 호칭은 받아들이셨지만 이 용어가 그것을 사용하기 어렵게 만드는 정치적 의미를 내포하고 있었기에 자신의 사명을 설명하기 위한 목적에는 '메시아'라는 칭호를 사용함에 대하여 꺼려하셨다. 하지

61) 라울 데드랑 외, 「교리신학 핸드북」, (한국연합회 성경연구소: 서울, 2019), pp. 200-203.

만 베드로와 사마리아 여인이 그 칭호를 사용하였을 때 그들을 꾸짖지는 않으셨다(마16:16-17; 요4:25-26).[62]

이 말은 주님께서 자신이 메시아이심을 아셨다는 뜻이다. 그래서 예수님께서 참으로 "그리스도시요 살아계신 하나님의 아들이시라"(마16:16)는 베드로의 고백이 있은 후 예수께서는 곧 바로 "인자가 많은 고난을 받을"(막8:31) 것이라는 사실을 강조하여 말씀하셨다. 그분은 메시아를 정치적인 인물로 보는 당시의 견해를 배척하시고 메시아의 직분에 대한 새로운 해석을 제시하셨다. 즉 그분은 자신의 메시아 됨은 구약의 성취라는 관점에서 인식하셨다. 이는 곧 그분이 자신을 하나님의 백성을 구속(Atonement)하기 위해 보내심을 받은 하나님의 대리자로 자각하셨음을 의미한 것이다. 그분은 이를 민족주의적 의미에서의 구속이 아닌 영적 의미에서의 구속으로 이해하신 것이다.

그리스도에게 주어진 메시아라는 칭호는 그분의 부활을 통해 명백히 증명되었다. 실제로 베드로는 부활과 성령 강림을 그 배경으로 해서 오순절에 "너희가 십자가에 못 박은 이 예수를 하나님이 주와 그리스도가 되게 하셨느니라"(행2:36)고 선포하였다. 그 때부터 그리스도교(기독교)의 가르침과 설교의 주제는 "예수는 그리스도"(행5:42)[63]가 된 것이다. 이에 대하여 초기교회가 매우 깊은 확신을 가지고 있었으므로 '그리스도'는 곧 예수를 일컫는 사실상의 고유명사가 되었고, 그들이 선포한 복음의 시작은 "하나님의 아들 예수 그리스도의 복음"(막1:1)이었다. 초기 제자들은 그중에서도

---

62) [요4:25-26] 여자가 이르되 메시야 곧 그리스도라 하는 이가 오실 줄을 내가 아노니 그가 오시면 모든 것을 우리에게 알려 주시리이다 **예수께서 이르시되 네게 말하는 내가 그라 하시니라**

63) [행5:42] "그들이 날마다 성전에 있든지 집에 있든지 예수는 그리스도라고 가르치기와 전도하기를 그치지 아니하니라"

특히 메시아 또는 그리스도라는 칭호를 기름부음 받은 약속된 왕, 즉 구약 예언(사9:6)의 성취를 의미하는 칭호로 받아들인 것이다.

(2) '주'[64]로서의 그리스도(Χριστός, Christ): 직무(역할)상의 이름, 퀴리오스(Κύριος), 아도나이(Adonai), 로드(Lord)'그리스도 또는 메시아(헬: 그리스도)'는 유대인 그리스도인들에게 매우 중요한 의미를 지닌 칭호였던 반면에, 주(헬: 퀴리오스, 히: 아도나이, 영: 로드)는 이방인들에게 더 큰 의미를 지녔던 칭호이다. 하나님의 거룩한 이름은 히브리어로 '야훼(히브리어: יהוה , 영어: Yahweh)'라 한다. 이 이름의 표기법에 구약성경의 고유한 영성이 깃들어있다. 고대 이스라엘인들은 이 이름을 감히 인간의 입에 올릴 수 없다고 믿었다. 그래서 이 낱말을 '아도나이'(나의 주님) 등으로 바꿔 읽었다. 성경뿐 아니라 개인 저술 등에서도 '야훼(Yahweh)'라고 쓰고 '나의 주님'(아도나이)으로 읽었다. 이를테면 '야훼께서 말씀하셨다'고 쓰인 곳을 '나의 주님(아도나이)께서 말씀하셨다'로 읽는 식이다.[65]

구약의 헬라어 번역에서는 주(Lord)가 단순히 존경을 나타내는 칭호였던 것으로 생각되지만(마10:24; 13:27; 요4:19; 15:15), 헬

---

64) 구약에서 [주]라는 호칭은 [야훼, 여호와]라는 호칭을 생각해야 한다. 여호와라는 호칭은 이스라엘을 구원하기 위해 모세에게 알려주신 호칭이다. 여호와를 히브리말로 하면 '에흐예 아쉐르 에흐예'다 영어로 하면 'I am that I am'다. **'내가 곧 나다'**라는 의미이다. '여호와'는 '그가 존재할 것이다'라는 뜻이다. ''여호와'(Jehovah)라는 단어에서 '예'(Je)는 미래를 의미한다. '여호와'는 '그가 존재할 것이다'라는 뜻이다. '호'(Ho)는 현재 시간을 의미한다. 그래서 '호와'(Hovah)는 '지금 현재 존재하는 자'라는 뜻이다. 맨 마지막 철자인 '봐'(Vah)는 과거 시간을 가리키는 '하봐'(Havah)라는 단어인데 '그가 존재했다'라는 뜻이다. **그래서 여호와라는 호칭은 [과거 현재 미래 시제를 다 포함]**하는 단어이다(출처: 「예수 그리스도는 그분은 여호와 하나님이다」 중에서, 바른교회, 2022. 5. 28. 21:29 네이버 올림).

65) 히브리어 초보자들은 이런 독특한 독법(讀法)에 애를 먹는다. 하나님의 이름(야훼)이 나오는 곳마다 빠짐없이 **'아도나이'(나의 주님)**으로 바꿔 읽어야 하기 때문이다. 가톨릭이든 개신교든 유다교든 이 점은 같다. 따라서 하나님의 이름이 언제 나오는지 늘 긴장하고 성경 본문을 대해야 한다.

라 문화권 전체에 걸쳐서 '주'라는 칭호는 황제와 이교의 신들을 지칭하는 용어로 사용되기도 하였다. 신약에서 예수께 이 칭호를 수차례 이상이나 사용한 것은 사실상 그분을 하나님과 동일한 존재로 인정한 것으로 본다. 그 대표적인 예가 도마의 고백, "나의 주시며 나의 하나님이시니이다"(요20:28).

초대교회는 예수를 주라 칭함으로써 그 분이 인간의 수준을 초월하는 존재임을 선언하려고 하였다. 그들은 또한 그분이 경배를 받으시기에 합당하신 분이시고 기도와 신뢰의 대상이며, 우리의 구원의 주재자 되시는 분이라는 것을 나타내 보이고자 하였다.

그리스도인들에게 그리스도는 "홀로 하나이신 주재"이시다(유4). 그분은 모든 신자들에게 "자기를 옷 입으라"(롬13:14)고 명하신 분이며, 또한 모든 제자가 그분을 위하여 자기 생명을 버리기를 아까워하지 아니하며(행15:26), 죽으실 각오까지 하시는(행21:13) 그런 분이시다. 앞의 이 모든 말들을 한마디로 줄이면, 그분은 "우리 주 곧 구주 예수 그리스도이시다"(벧후1:11; 2:20). 이 말은 그리스도의 부활이 초대교회 신자들에게 그리스도의 주 되심의 의미를 얼마나 확고하게 깨닫게 했다는 사실을 상기하게 해 준다. 이는 베드로가 오순절에 무리들에게 말한 것처럼 부활 사건을 통해서 하나님이 그분을 퀴리오스와 크리스토스(Κύριος και Χριστός)가 되게 하셨기 때문이다. "그런즉 이스라엘 온 집이 정녕 알지니 너희가 십자가에 못 박은 이 예수를 하나님이 주와 그리스도가 되게 하셨느니라"(행2:36).

기독교에서 '주'로서의 그리스도(Χριστός, Christ) 라는 이 칭호를 사용하는 것은 우리의 삶과 믿음, 의 두 가지 측면 모두에서 예수를 절대주권(絶代主權)을 가지신 존재, 즉 신성을 소유한 존재로 받아들인다는 것을 의미하는 것이다.[66]

(3) 하나님의 아들: 직무상 관계를 넘는 하나님과의 존재적 관계, 하나님의 본질의 존재

앞에서 살펴본 "메시아와 주"라는 호칭들은 역할과 관련된 의미로서, 한 특정한 사람 안에서 행하시는 하나님의 행위와 목적을 나타내는 것으로 이해될 수 있는 칭호들이다. 그러나 신약에서 예수께 사용된 또 하나님의 칭호인 "하나님의 아들(the Son of God)"은 그분의 단순한 역할 이상의 것을 가리킨다. 이 칭호는 본질적인 면에서 그분과 하나님과의 관계를 보여 준다. 예수 그리스도는 단지 하나님의 도구가 되어 일하는 하나님의 사람이 아니라 하나님의 아들이시다. 하나님과 그분과의 관계는 직무상 역할에만 국한된 것이 아닌 존재적 측면에서의 관계인 것이다. 이것은 "하나님의 아들"이라는 칭호에 관해 신약이 제시하고 있는 전적으로 새로운 방향의 해석이다. 그 안에는 하나님의 행위 이상의 것, 곧 하나님의 본질 자체가 존재하고 있다. "아버지의 품속에 있던"(요1:18) 그 아들이 존재하는 것이다. 이는 아버지의 일정 부분이 아들 속에 존재하고 있음을 의미하는 것이다.

신약에서 "하나님의 아들"이라는 용어는 천사들을(욥1:6; 38:7), 왕들을(삼하7:14; 시2:7), 의인들을(창6:2) 하나님의 아들들

---

66) 여기서 주목해야 하는 단어는 **주와 그리스도**라는 단어다. **[주]는 구속주**로서, 하나님이신 예수가 영원히 낳음을 받은 아들임을 말하는 것이다. 그러니까 **예수 그리스도의 신성(神性)**을 말하는 것이며, **[그리스도]는 중보자를 말하는 것으로 예수님의 인성(人性)**을 말한다. 삼위 하나님의 영원 전 언약에 의해 하나님이신 예수님을 주와 그리스도로 작정해 놓으셨고 때가 되어 하나님이 육신을 입고 이 땅에 오셨다(성육신)는 말이다(출처: 「예수 그리스도 그분은 여호와 하나님이다」 중에서, 바른교회, 2022. 5. 28. 21:29 네이버 올림).

로 칭하기도 한다. 또한 이스라엘 백성이 하나의 집단으로서 하나님의 아들로 불리기도 한다(출4:22; 호11:1). 하지만 이 칭호가 예수를 가리켜 사용될 때에는 그 의미를 다른 경우들과 동일한 것으로 이해해서는 안 된다. 아버지께서는 그분을 "내 사랑하는 아들이요 내 기뻐하는 자라"(마3:17)고 일컬으신다. 마가는 자신의 복음서를 "하나님의 아들 예수 그리스도"(막1:1)라는 구절로 시작한다.

예수께서는 가이사랴 빌립보에서 베드로가 "주는 그리스도시오 살아계신 하나님의 아들이시니이다"(마16:16)라고 말한 고백을 의심 없이 받아들이시고 난 후에 그것을 그에게 알려주신 분이 하나님이시라고 말씀하셨다(17절). 또한 예수께서 친히 "나는 하나님의 아들이라"(마27:43, 참조 요19:7)고 말씀하심을 들었던 자들이 고소 증언하고 있다. 공관 복음서에 의하면 예수께서 이 칭호를 인정하시고 자신을 하나님의 아들로 생각하셨음이 명백하다(마11:27, 마13:34).[67] 이 칭호는 요한복음에서 그 의미가 완전하게 드러나는데, 많은 경우에 "하나님의 아들" 대신에 그냥 "아들"이라는 표현이 쓰이고 있는데, 이는 예수의 독특한 아버지와의 신분관계를 나타내는 또 하나의 방식인 것이다(요3:35; 5:19-20).[68] 예수께서는 스스로 이 칭호가 자신을 가리키는 것이라고 주장하셨으며(요10:36),[69] 유대인들은 그분이 하나님을 자기의 아버지라 주장하는 것을 곧 자신을 "하나님과 동등으로 삼는 것"(요5:18)[70]으로 이해한 것이다.

---

67) [마11:27] "내 아버지께서 모든 것을 내게 주셨으니 아버지 외에는 아들을 아는 자가 없고 아들과 또 아들의 소원대로 계시를 받는 자 외에는 아버지를 아는 자가 없느니라"

68) [요3:35] "아버지께서 아들을 사랑하사 만물을 다 그의 손에 주셨으니"

69) [요10:36] "하물며 아버지께서 거룩하게 하사 세상에 보내신 자가 나는 하나님의 아들이라 하는 것으로 너희가 어찌 신성모독이라 하느냐"

70) [요5:18] "유대인들이 이로 말미암아 더욱 예수를 죽이고자 하니 이는 안식일을 범할 뿐만 아니라 하나님을 자기의 친 아버지라 하여 자기를 하나님과 동등으로 삼으심이러라"

히브리서는 그리스도이신 예수께서 하나님의 아들 되심을 진술할 뿐 아니라 그것을 강조까지 하고 있다. 그리스도는 구약의 선지자들보다 뛰어나신다(히1:1-2). 그분이 아들인 것은 그 자신이 "하나님의 영광의 광채시요 그 본체의 형상이시기(3절) 때문이다. 그분은 아들의 지위를 갖고 계시며, 그 지위로 인해 천사들보다 뛰어나시며(4, 5절) 모세보다 위대하시다(히3:5-6).[71]

아들은 가장 완전한 의미에서 아버지의 본질과 동일한 본성과 속성을 소유하고 계신다(요5:21; 8:58; 21:7). 또한 동일한 일을 하시며(마9:2; 요5:24-29) 자신이 아버지가 받으시는 공경과 동등한 수준의 공경을 받으셔야 한다고 주장하신다(요5:23; 14:1).[72] 앞에서 고찰한 칭호들의 의미가 부활에 의해서 강화 되었던 것처럼 "아들"의 의미 또한 부활에 의해서 극대화 되었는데 바울이 기록하였듯이 예수께서 "죽은 자 가운데서 부활하여 능력으로 하나님의 아들로 인정되셨기"(롬1:4) 때문이다. 만일 그리스도께서 가지셨던 아들로서의 독특한 지위가 그분의 죽음 이전에는 불명확했을지 모르지만 그분의 부활 이후에는 더 이상 그렇지 않았다는 것을 시사하고 있는 말씀이다.

3) 예수의 신성에 대한 자각(自覺): 그리스도 자신의 자각에 의한 신성 입증

우리는 요한이 기록한 복음서의 여러 곳에서 예수 그리스도께서

---

71) [히3:5-6] "또한 모세는 장래에 말할 것을 증언하기 위하여 하나님의 온 집에서 종으로서 신실하였고 그리스도는 하나님의 집을 맡은 아들로서 그와 같이 하셨으니 우리가 소망의 확신과 자랑을 끝까지 굳게 잡고 있으면 우리는 그의 집이라"

72) [요5:23] "이는 모든 사람으로 아버지를 공경하는 것 같이 아들을 공경하게 하려 하심이라 아들을 공경하지 아니하는 자는 그를 보내신 아버지도 공경하지 아니하느니라"

자신의 신성에 대해 자각하고 계셨음을 입증하는 그분의 직접적인 주장들을 찾아볼 수 있다.

(1) 자신이 **이 땅에 속하지 않음**을 주장: 보내심을 받은 하나님의 아들(신성)되심을 선포함

예수께서는 여러 차례에 걸쳐서 자신이 이 땅에 속하지 않았다고 주장하셨다. 그분은 자신이 "하늘에서 내려 왔다"(요3:13)고 가르치셨다. "예수께서 이르시되 너희는 아래에서 났고 나는 위에서 났으며 너희는 이 세상에 속하였고 나는 이 세상에 속하지 아니하였느니라"(요8:23)고 단언하셨다. 그리고 더 나아가 "내가 아버지께로 나와서 세상에 왔다"(요16:28)고 선언하셨다.

(2) 자신의 **선재성**을 주장: 하나님의 아들로서 이미 천상에 실존한 신성을 증언함

자신이 이 땅에 속하지 않음을 주장함이 암시하는 것은 예수님 자신의 선재성의 자각으로 볼 수 있다. 그분의 자각은 "너희가 인자의 이전 있던 곳으로 올라가는 것을 볼 것 같으면 어찌하려느냐"(요6:35) 라는 그분의 질문과 "아버지여 창세전에 내가 아버지와 함께 가졌던 영화로써 지금도 나를 영화롭게 하옵소서"(요7:5) 라는 그분의 기도에 더욱 분명히 드러나 있다.

(3) **자신이 본질적인 하나님이심**에 대한 핵심적 말씀 선포: "나는 ... 이다"라는 자기 선포

예수님 자신이 하나님이심을 선포하심은 여러 번에 걸쳐서 사용하신 "나는 ... 이다"라는 말씀 속에 잘 드러나 있다. "내가 곧 생명의 떡이니"(요6:35). "나는 세상의 빛이니"(요8:2). "나는 양의 문

이라"(요10:7). "나는 선한 목자라"(11절). "나는 부활이요 생명이
니"(요11:25). "내가 곧 길이요 진리요 생명이니"(요14:6). "내가
참 포도 나무요"(요15:1). 이러한 말씀은, 예수님이 단순히 떡과 생
명과 빛과 부활을 가져다주시는 분이 아니라, 그 자신이 떡과 생명
과 빛과 부활이시라는 의미와 함께 성경 말씀처럼 그는 초월적이고
권능과 권세가 있는 존재라는 것이다. 예수님이 이 주장들을 하셨
을 때 유대인들은 분명히 예수님의 신성을 연상하지 않을 수가 없
었을 것이다.

성경에 기록된 예수님의 이와 같은 관용적 표현 형식의 대표적
인 말씀은 [요8:58-59]이다. 예수께서 이르시되 "진실로 진실로 너
희에게 이르노니 아브라함이 나기 전부터 내가 있느니라"는 이 말
을 들은 그분의 대적들은 격분하여 그분에게 돌을 들어 치려하였다
(59절). 그들은 예수님의 이 말을 자신이 변치 않는 신성을 소유하
신 하나님과 동등하다고 하는 참람한 주장으로 여겼음이 분명한 것
이다.[73]

4) "예수가 하나님이심(신성)"을 증언하는 신약성경의 [표적, 생애, 사역]

초기 그리스도인들은 나사렛 예수께서 인성과 신성을 모두 가지
셨다는 사실을 인정하기에 인색하지 않았다. 그들은 여전히 그분이
어떤 존재인지에 대하여 관심을 가지고 있긴 하였지만 그보다는 그
분의 사명과 하실 사역들에 더 큰 관심을 가지고 있었다(마16:13-
17). 그분이 어떤 존재인지는 그의 생애 속에 나타난 표적과 그의

---

73) 라울 데드랑 외, 「교리신학 핸드북」, (한국연합회 성경연구소: 서울, 2019), pp.
204-205.

사역을 살피면 그의 신성적 본성을 증언 받게 될 것이다.

(1) 복음서(요한복음)에 나타난 예수 그리스도의 신성을 상징하는 7가지 표적(表迹)들: 성경에 기록된 예수 그리스도의 하신 일들을 보면 그 분이 어떤 분인지를 알 수 있는 것이다. 그리스도는 창조주이시며 세상만사를 섭리하시고 인간의 죄 사함과 생명을 주관, 심판하시는 하나님이심(신성)을 나타내 보이신 요한복음에서의 7가지 표적을 다음과 같이 정리한다.

① 가나의 혼인잔치(요2:1-11): 가나의 혼인잔치에서 예수님이 [물로 포도주를 만드는 사건]을 행한 초자연적 능력은 그리스도가 하나님의 아들 되심과 메시아이심(신성)을 증거하는 그의 첫 번째 표적이었다.

② 왕의 신하 아들을 고치심(요4:45-54): 예수님이 보이신 표적의 목적은 주님이 메시아(그리스도)이심을 보여 주고자 하는 것이다. 하지만 사람들이 예수를 따르는 동기가 경이롭고 초자연적인 기적을 구경하는 데에만 있음을 아신 주님께서는, 왕의 신하의 아들 치유간청에 대하여 본 사건에서는 아무 표적도 보임이 없이, "아들이 살았다"고만 말씀하신다. 이는 신하의 믿음을 시험하기 위한 것이었다. 그는 이 시험을 통과한 것이다. 이 왕의 신하도 이제는 보지 않고도 말씀만 믿는 높은 차원의 믿음을 갖게 된 것이다. 주님의 기적을 체험할 수 있는 요건은 결국 믿음인 것이다. 그리스도의 신성적 표적은 바로 예수님의 말씀 즉시 "그 아들이 치유되었다"는 것을 깨닫고 "그 온 집안이 다 믿으니라"(53절).

③ 베데스다 38년 된 병자 치유(요5:1-18): 베데스다 연못에서 38년 된 병자를 고친 표적은 안식일 논쟁과 함께 인간의 중요성을

깨우쳤다. 또한 이 사건으로 유대인들은 예수님을 더욱 신성모독죄 (神聖冒瀆罪)로 여겼고 주님은 오히려 그들의 오해에 직면하여 자신의 신성을 스스로 변증하게 되었다.

④ **오병이어의 표적(요6:4-14):** 예수님은 갈릴리 디베랴에서 행하신 오병이어 표적을 통해 출애굽 때에 하나님이 그 백성에게 만나와 메추라기를 주셨듯이(출16:13-15) 주님은 무리에게 떡과 물고기를 주셨다. 만나와 떡은 곧 그리스도를 예표 하였으며, 주님께서는 스스로를 하늘로서 내려온 산 떡(58절)이라 하심으로 인류의 영적 생명의 원천(하나님)되심을 밝히셨다.

⑤ **바다 위를 걷고 풍랑을 잠잠케 함(요6:16-21):** 예수님은 [오병이어]와 함께 풍랑 속 [물 위로 걸으심][74]의 초자연적 표적을 통해 만유에 대한 주님의 절대주권의 신성을 여실히 드러내신 것이다.

⑥ **소경의 눈을 뜨게 하심(요9:1-34):** 소경 치유 사건은 어둠(소경)을 쫓아내신 주님의 권능(신성)과 소경의 변화에 초점을 둔 기록이다. 주님은 세상의 빛이시다. 그러므로 주님을 영접하는 자는 육적인 안목뿐 아니라 영적인 시야도 열리게 된다. 이것을 깨달은 소경은 자신이 빛을 만나 체험한 구원사건을 담대히 증거 한다.

⑦ **죽은 나사로를 살리심(요11:1-44):** 죽은 나사로를 살리신 표적의 참된 의미는 "나는 부활이요 생명"(25절)이라는 말씀에서 드러난다. 여러 표적들을 통해서 생명의 원천(6장)되심과 세상의 빛(9장) 되심을 스스로 드러내신 예수께서 여기서는 자신이 [부활과 생명 되심], 즉 자신의 신적 본성을 밝혀 보이신 것이다. 이를 계기

---

74) [마14:25-33]를 참조

로 유대인들은 예수님의 살해를 공적으로 모의하게 된다. 한편 나사로의 부활은 말세에 성도의 새 생명을 입을 것을 예표(豫表)한 것이다.

(2) **예수 그리스도의 생애 가운데 나타난 신성**: 예수님의 성육신에서부터 초월적인 이적을 행하심, 흠 없는 제물로서의 십자가 지심 그리고 부활과 승천에 이르기까지의 예수님의 지상사역에 대한 성경의 기록은 핵심적인 신성의 역사적 증거인 것이다.

① **동정녀에게서 탄생하심**: "때가 차매 하나님이 그 아들을 보내사 여자에게서 나게 하시고"(갈4:4). 예수 그리스도의 탄생은 초자연적인 방법(성령으로 잉태, 동정녀 탄생)으로 이루어졌다. 이로 말미암아 임마누엘하시고(마1:23 참조) 독생자이시며 영원한 하나님의 아들이신 것이다(요1;14; 눅1:35 참조).

② **이적을 행하심**: '이는 능력이 예수께로 나서 모든 사람을 낫게 함이러라'(눅6:19). 그리스도는 그의 공생애 전반에 수많은 이적을 행하셨다. 이는 그가 원하기만 하면 자연법칙을 초월하여 그 능력을 행사할 수 있음을 나타내는 신적 증거이다(요5:36). 이 이적에 대한 주요 성경의 증언은 ⓐ 두 소경의 치유(마9:27-31), ⓑ 벙어리 귀신을 쫓아내심(마9:32,33), ⓒ 물고기 만선 기적(눅5:1-11), ⓓ 나인 성 과부 아들을 살리심(눅7:11-17), ⓔ 문둥병자를 치유(눅17:11-19), ⓕ 말고의 귀를 고치심(눅22:50), ⓖ 물을 포도주로 바꾸심(요2:1-11), ⓗ 앉은뱅이를 낫게 하심(요5:1-9), ⓘ 바다 위로 걸으심(마14:25), ⓙ 오병이어의 기적(마14:15-21) 등이다.

③ **십자가를 지심**: "저가 한 제물로 거룩하게 된 자들을 영원히 온전케 하셨느니라"(히9:14).

④ **부활하심**: 부활은 전체 성경계시의 핵심적인 내용이며 신약 성경에 무수히 기록되어 있다. ⓐ 예언되었다(행13:34,35), ⓑ 부활의 증거로 빈무덤(요20:1-9), 도마에게 보이심(요20:27), 베드로에게(고전15:5), 엠마오로 가는 제자들에게(눅24:13-35), 10제자들에게(요20:26-29), 갈릴리에서 7제자들에게(요21:1-23), 500명 이상에게(고전15:6), 승천 시 11명에게(마28:16-20) 나타나신 것은 그리스도의 신성을 증거한 것이다. ⓒ 성부의 능력으로 부활하셨다(행2:24).

⑤ **승천하심**: 속죄를 이루신 후 승천하시고(히1:3), 하나님 우편에 앉으심(막16:19).

(3) 인류 역사 가운데 행하시는 그리스도의 사역(使役)에 나타난 신성: 인류 역사와 더불어 행하신 예수 그리스도의 신적 사역들(Divine Works), 즉 천지 만물의 창조와 섭리, 죄 사함과 생사여탈 및 심판 사역 그리고 구원의 완성을 위한 성령 보내심의 사역 등은 하나님의 본체이신 예수 그리스도께서 나타내 보이신 그의 신성인 것이다.[75]

① **창조사역(Creation)**: "만물이 그로 말미암아 지은 바 되었으니 지은 것이 하나도 그가 없이는 된 것이 없느니라"(요1:3), 또한

---

75) 웨스트민스터 신앙고백서의 기독론, 특히 그리스도의 모든 사역은 삼위일체의 구조 속에서 고백된다. 신적 작정과 연관해서 철저하게 성부의 뜻과 관련되어 있음을, 즉 단독적인 그리스도의 사역이 아닌 것을 증거하고 있다. 이를 설명하는데 8장 3항에 다음과 같이 소개된다."그에게는 지혜와 지식의 모든 보화가 있었고(골2:3), **성부께서는 모든 충만으로 그 안에 거하게 하시기를 기뻐하셨다**(골1:19). 이는 그가 거룩하고, 악이 없고, 더러움이 없고, 은혜와 진리로 충만하여(히7:26; 요1:14), 중보자와 보증인의 직분을(행10:28; 히12:24; 7:22) 수행하는 데 부족함이 없도록 하기 위함이었다. 이 직분은 그가 스스로 취하신 것이 아니요, 성부께서 그를 부르셔서 맡기신 것이다(히5:4,5). 성부께서는 모든 권세와 심판을 그의 손에 맡기시고, 그것을 수행하도록 명령하셨다(요5:22,27; 마28:18; 행2:36)."

"태초에 주께서 땅의 기초를 두셨으며 하늘도 주의 손으로 지으신 바라"(히1:10; 골1:16)고 예수 그리스도의 창조 사역을 깨닫게 하며, "영원하신 능력과 신성(神性)이 그 만드신 만물에 분명히 보여 알게 되나니"(롬1:20)라고 창조 사역에 나타나고 있는 주님의 신성(Diety)을 알려 주고 있다.

② 유지사역(Preservation): "또한 만물보다 먼저 계시고 만물이 그 안에 함께 섰느니라"(골1:17). 그리스도께서는 창조하신 모든 피조세계를 그의 초자연적 권능으로 보존하신다. 그리고 섭리 운영하신다(엡1:22; 골1:17; 히1:3).

③ 속죄사역(Forgiveness of Sin): 그리스도께서 죄를 용서하신다(마9:2-7; 26:28; 눅7:48; 막2:5-12; 요1:29; 행10:43; 골1:14; 3:13; 요일1:7). 사람의 죄를 용서하여 주실 수 있는 분은 하나님뿐이시다. 죄인 된 인간은 사람의 죄를 용서하여 줄 수 없기 때문이다.

④ 죽은 자를 살리심(Raising the Dead): 그리스도께서 죽은 자를 살리신다. 예수 그리스도는 생명이요 부활이시므로 죽은 자도 살리신다. 예수님께서 재림하실 때 그리스도 안에서 잠자는 자들이 먼저 부활하게 될 것이요 그의 지상 1000년 왕국 후에는 불신자들도 부활시킬 것이다(요5:25; 11:43).

⑤ 심판하심(Judgement): 그리스도께서는 심판하신다. 예수 그리스도는 최후의 백보좌의 심판주로서 의인과 악인을 그리고 악한 영들도 심판하실 것이다(요5:22, 27; 행10:42; 17:31; 딤후4:1).

⑥ 성령(Holy Spirit)을 보내심: 그리스도께서 성령을 보내셨다. 예수 그리스도께서는 부활하시고 승천하신 후에 그의 약속대로 다

른 보혜사, 곧 성령을 보내셨다. 성령께서는 오순절 날에 강림하셨다(요15:26; 행1:8; 2:1-3).

5) 그리스도의 신성의 필요성: 그리스도의 신성을 부정하게 되면 어떤 일이?

앞에서 그리스도 안에는 참되고 완전한 신성이 있음을 성경의 기록을 통하여 정리하였다. 그리스도의 신성에 대한 바른 지식과 이해는 그리스도인의 구원과 신앙에 큰 유익을 준다는 점에서 중요한 의미가 있다. 이런 맥락에서 우리 그리스도인에게는 그리스도께서 왜 이러한 신성이 필요하였는가라는 질문에 대한 분명한 대답이 필요하다. 그리스도께서는 구속사역(救贖使役)에 있어서 죄인을 대표하기 위하여서는 반드시 인류의 한 사람(인성)이 되어야만 하셨고, 또 한편으로 우리의 구속자(Redeemer)가 되려면 그리스도는 하나님(신성)이셔야만 했다. 그리스도의 신성의 필연성에 대한 이유와 의미는 다음과 같다.

(1) 무한한 가치의 제사(祭祀)와 율법의 완전한 요구의 순종을 위하여: 그리스도가 무한한 가치의 제사, 다시 말해서 영원한 속죄(Atonement)의 효력을 가지는 제사를 단번에 드리기 위하여, 또한 죄인의 모든 죄를 사(赦)하는 제사를 드리기 위하여 그는 하나님이셔야만 했다. 또한 하나님의 율법에 대한 완전한 요구의 순종을 위하여서도 역시 하나님이셔야 했다. 왜냐하면 타락으로 연약해진 인간은 이런 온전한 제사와 순종을 드릴 수 없기 때문이다.[76)]

---

76) 이 부분은 [은혜구원과 행위구원]의 어느 쪽의 교리를 추종하느냐에 따라 이해가 상충될 수 있음을 밝혀 둔다. 본 논문에서는 인간의 행위구원론이 아닌 은혜구원론의 입장에서 기술한 것이다.

(2) 하나님의 진노(震怒)에 대처하기 위하여: 인간의 범죄 함으로 말미암아 생긴 하나님의 진노는 인간의 어떤 행위와 보상으로도 무마시킬 수가 없는 것이다. 모든 하나님의 백성들을 이 하나님의 진노로부터 해방시키기 위하여서 중보자이신 그리스도는 하나님이셔야 했다. 그가 십자가에서 하나님의 진노에 대면하여 "나의 하나님 나의 하나님 어찌하여 나를 버리셨나이까"(마27:46)라고 한 부르짖음은 그리스도가 하나님이시기 때문에 하나님의 진노를 가라앉히는 무한한 가치를 발휘한 것이다.[77]

(3) 구속(救贖)의 효과를 적용하기 위하여: 그리스도께서는 십자가에서 구속을 완성하시고 부활 승천하시어 보혜사 성령을 보내심으로 그가 완성하신 구속의 효과를 각 개인에게 적용하신다. 만일 그가 부활 승천(Resurrection and Ascension)하지 못하셨다면, 보혜사 성령도 오시지 아니하셨을 것이며(요16:7)[78]. 보혜사 성령이 오시지 아니하였다면, 구원의 적용(Application of redemption)도 없을 것이다. 따라서 그가 사망의 권세를 이기고 부활 승천하여 보혜사 성령을 보내시기 위하여서는 하나님(신성)이셔야 했다.[79]

---

77) **하나님과 원수 된 인간이 다시 그리스도로 연합하였다**(God and humankind have been reunited): 하나님으로부터 사람에게로 오신 (중보자) 그리스도는 천사나, 혹은 인간이 아니시기에 인간의 죄로 인한 창조주 **하나님의 진노(震怒)**로부터 발생한 높은 담 벽과 깊은 간격을 허물고 좁혀 하나 되게 해주신 것과.

78) "그러나 내가 너희에게 실상을 말하노니 내가 떠나가는 것이 너희에게 유익이라 내가 떠나가지 아니하면 보혜사가 너희에게로 오시지 아니할 것이요 가면 내가 그를 너희에게 보내리니"(요16:7)

79) **그리스도의 구속(사역)은 우리의 구원에 필수적으로 유익하다**(Redemption is available to us): 그리스도의 죽음은 전에 살았던 모든 죄인들에게 충분하다. 왜냐하면 죽음을 당한 이가 단순히 유한한 인간이 아니라 **영원 무한하신 하나님(신성)**이시기 때문이다. 생명 그 자체이시며 또한 생명을 허락하시고 그 생명을 보존하시는 분이신 그는 죽으실 필요가 없으신 분이지만 우리 죄인들을 대속하여 죽으셨기 때문이다

2. 예수 그리스도의 인성(Humanity of Christ)

예수 그리스도의 인성(Humanity)에 대한 주제는 어떤 면에서 그의 신성(Diety)만큼 관심을 받거나 논의되지 않는다. 왜냐하면 예수가 어떠한 분이건 간에 그가 인간이었던 것만큼은 거의 확실하기 때문이다. 오늘날에도 예수의 인성은 근본주의자들과 현대 신학자들 사이의 주된 논쟁거리가 되어왔던 예수의 신성에 기울어졌던 만큼 철저하고 광범위한 관심을 받지는 못한다. 그러나 역사적으로 예수의 인성에 관한 주제가 그의 신성에 관한 것만큼 신학적인 대화 속에서는 중요한 역할을 담당하였으며 특히 초대 교회시대에서는 더욱 그렇다. 그리고 실질적인 표현으로 그것이 어떤 면에서 정통 신학(Orthodox Theology)에 대한 거대한 위협으로 드러났다.[80]예수 그리스도께서 인성을 소유하셨다는 사실은 기독교가 타종교와는 비교될 수 없는 유일한 진리의 종교라는 것을 반영해 준다. 그것은 인간의 죄의 문제를 하나님(신)이 인간의 몸을 입으시고 성육신하셔서 해결해 주셨다는 사실에서 나타난다. 하나님으로서 인간의 몸을 입으시고 이 세상에 오셔서 인간의 한계를 몸소 겪으시고, 고난과 수모를 당하시며 끝내 십자가를 지신 예수 그리스도를 통하여 우리는 하나님께서 창조하셨던 타락 이전의 참 인간의 모습(The true image of man before depravity)을 발견하게 된 것이다.[81]

1) 예수 그리스도의 인성의 중요성

80) 밀라드 J. 에릭슨, 홍찬혁 역, 「기독론」, P. 91.
81) DTP, 교리강해연구2, 성자편, P. 179.

예수의 인성의 중요성은 과대하거나 과소하게 평가될 수 없다. 왜냐하면 성육신 안에서 그 문제는 우리의 구원에 관계된 것이기 때문이다. 인간이 갖는 문제는 그 자신과 하나님 사이의 간격(間隔)이다. 그 간격이란 분명히 말하면 존재론적이다. 하나님은 인간의 이성만으로는 알기 불가능할 정도로 인간보다 월등하시다. 만약에 그가 인간에게 알려지기를 원하신다면 그 자신을 인간에게 알리기 위해 몇 가지 자발적인 조처를 취하셔야 한다. 그러나 그 문제는 단순히 존재론적이지 만은 않다. 거기에는 인간의 죄로 야기된 인간과 하나님 둘 사이의 영적이고 도덕적인 간격이 또한 존재한다. 인간은 자신의 도덕적인 수고로는 그의 죄에 대항하고 자신을 하나님의 수준으로 끌어 올릴 수가 없다. 둘 사이의 교제가 있기를 원한다면 그들은 다른 방식으로 연합되어야 한다.

이것이 정통적으로 이해 된 바이며 한 인격 안에 하나님(신성)과 인간(인성)이 연합되어 있는 성육신에 의해 성취된 바이다. 그러나 예수가 실제로 우리들 인간 중 하나가 아니라면 인성과 신성이 연합되지 않았을 뿐더러 우리도 구원받을 수 없는 것이다. 왜냐하면 그리스도의 죽음 속에서 성취된 사역의 유효성이 혹은 적어도 우리들 인간에게로의 적용 가능성이 그의 인성의 실재에 의존하기 때문이며 그것은 그 효능이 그의 신성의 진실성에 의존하는 것과 마찬가지이다.

더구나 예수님의 중보자로서의 사역은 그의 인성에 의존한다. 만약 그가 진실로 인간이 경험할 수 있는 모든 시험과 유혹들을 다 겪은 우리들 중의 하나라면 그 때 그는 우리가 인간으로서 겪는 모든 수고들을 이해하고 공감할 수 있다. 그와 반대로 그가 인간이 아니라면 혹은 단지 불완전한 인간이라면 자신이 대표하는 모든 사람을 대신해야 하는 제사장으로서의 중재 역할을 감당할 수 없는 것이다.[82] 예수님 생시에 유대인들은 예수님의 인성을 추호도 의심하지 않았을 뿐만 아니라 목수 요셉의 아들 나사렛 예수라는 고정 관념에 지나치게 사로잡혀 있었기 때문에 예수님의 초인간적인 신성에 대한 많은 증거를 목격했음에도 불구하고 끝내 예수님이 그리스도라는 사실을 깨닫지 못하고 그를 믿지 않았던 것이다.

예수님의 부활 사건을 통하여 그가 그리스도라는 사실을 확신한 제자들이 오순절의 성령의 충만함을 받아서 예수의 메시아 되심을 증거 함으로써 초대 교회는 일찍부터 그리스도의 신성이 강조되었고 일반적으로 믿고 고백되었다. 그런데 그리스도의 신성을 강조하다가 보니 그리스도의 인성에 대하여 의심을 품는 자가 나타나게 되었으며 이들은 나중에 이단으로 정죄 당했다.

오늘날 기독교 과학자들은 물질을 '비존재'라고 보고 예수님은 신체를 갖지 않았다고 계속 주장한다. 우리가 자칫하면 예수님의 신성만 중요하고 그의 인성은 별로 중요하지 않은 것 같이 생각하기 쉽지만 그러나 인간을 구원하기 위한 메시아(그리스도)로서의 자격을 갖추기 위해서는 우리와 동일한 인성을 반드시 구비해야 한다. 왜냐하면 범죄한 인간은 천사와 같은 영체가 아니고 육을 가진 사람이기 때문이다. 인간을 구원할 계획을 세웠던 영원에서부터 한 육체를 예비한 것은 <u>참 사람이 되는 것이 메시아의 자격을 갖춤에 있어서 필요 불가결한 요소였기 때문이다.</u>[83]

그리하여 모든 사람은 인성을 가지고 있고 하나님은 신성을 가

82)　밀라드 J. 에릭슨, 홍찬혁 역, 기독론, P. 92
83)　김성린 저, 「기독교 교리개설」, P. 168~169

지고 있다. 그런데 성육신하신 하나님의 독생자이신 예수 그리스도
만이 신성과 인성의 두 본성(Natures)을 가지고 있는 것이다.

2) 예수 그리스도의 인성(人性)에 관한 성경의 증거

우리는 그리스도께서 진정한 사람이셨다는 주장을 신약 전반에
서 찾아 볼 수 있다. 그분은 여러 신적 호칭들(메시아/그리스도, 주
로서의 그리스도, 하나님의 아들 등)[84]을 통해서 다양한 형태로 존
귀하게 여김을 받은 신적존재이시지만, 그럼에도 그는 진정한 사람
이었다.

(1) 사람으로 출생하심(Human Birth)

예수님은 처녀 마리아의 몸에 성령으로 잉태, 출산되었다. 그
러므로 성경은 예수님의 탄생을 동정녀의 몸을 통하여 육신으
로 나셨다고 하였다. 그런데 육신은 인성을 가리킨다(갈4:4; 마
1:18~2:11; 눅1:30~38; 2:1~20). 성령 하나님께서 초자연적으로
성자 예수 그리스도를 잉태하시고 처녀 마리아의 인성에서 예수 그
리스도의 인간 출생을 실현시키셨다.

그러므로 예수 그리스도는 독특한 출생방법, 즉 성령 잉태(孕胎)
와 동정녀 탄생(誕生)으로 이 세상에 오셔서 독특한 사람 곧 신인
(Divine-Human)이 되셨다. 그렇기 때문에 마태는 예수 그리스도
를 아브라함의 자손, 다윗의 자손(마1:1)이라 하였고, 사도 바울은

---

84) 그리스도교라는 이름이 '메시아'의 헬라어 표기인 '크리스토스'(기름부음 받은
자)에서 유래되었다. 신약의 기자들이 예수를 '그리스도'라 칭한 것으로 미루어
볼 때, 그들이 그분을 특정한 일을 위해 구별되었던 인물로 여겼던 것임이 분명해
보인다. '크리스토스'라는 칭호는 신약에 약 500회 이상 나타난다. 예수와 동시대의
1세기 사람들의 메시아관은 메시아가 하나님과 특별한 관계를 맺고 있는 어떤
존재로 여겨졌다는 것을 큰 이견이 없이 받아들여졌을 것으로 사료된다.

예수 그리스도께서 육체를 따라 다윗의 자손으로 태어났다(롬1:3)고 하였다. 바로 이러한 연유(緣由)로 누가는 예수님을 요셉의 아들이라고 하였으며(눅3:23), 예수님의 족보를 인류의 시조 아담에게까지 거슬러 올라갔다(눅3:23~38). 이 모든 사실들은 예수님은 진정한 사람(인성)이었음을 증명하고 있다.

(2) 사람의 몸과 영혼을 가지심(Human Body and Soul)

사람은 물질적 요소와 비물질적 요소로 구성되어 있다. 물질적 요소는 육체(살, 뼈, 피)이며, 비물질적 요소는 영혼이다. 예수님은 우리와 꼭 같은 사람이었으므로 육체와 영혼이 있었다. 그러므로 예수님을 사람이라고 불렀다(눅2:52; 마26:38; 요13:21).예수님께서 잡히시기 전 베다니 문둥병자 시몬의 집에 계실 때 한 여인이 매우 귀한 향유 한 옥합을 가지고 나아와 예수님의 머리 위에 부었다. 그 후 예수님이 말씀하시기를 이 여자가 내 몸에 이 향유를 부은 것은 내 장사(葬事)를 위하여 함이니라(마26:6~7, 12).

예수님은 부활하신 후 엠마오로 가는 의심 많은 제자들에게 말씀하시기를 "내 손과 발을 보고 나인 줄 알라. 또 나를 만져보라. 영은 살과 뼈가 없으되 너희 보는 바와 같이 나는 있느니라"(눅24:39)라고 말씀하셨다. 진실로 예수님은 몸과 영혼이 있는 참 사람이시었다.

(3) 인간적 명칭들을 가지심(Human Names)

예수님의 명칭들 중 특히 예수, 인자(Juses, Son of Man) 등은 예수님의 인성을 나타내는 매우 중요한 단어들이다. 그리스도라는 명칭이 예수님의 신성을 나타내는 명칭이라면 예수님이라는 명칭은 그의 인성을 나타내는 명칭이다(마1:21; 2:27~28; 눅1:31; 요 5:27; 6:27; 51, 63).

예수님은 자신을 가리켜 인자(人子)라는 명칭을 약 80번 이상 즐겨 사용하였다. 인자라는 명칭은 그의 비하(낮아지심, Humiliation)와 인성을 나타낸다(마8:20).[85] 세례 요한, 사도 요한, 사도 바울, 사도 베드로 등도 예수님을 그의 인성으로는 한 유태인 사람이라고 불렀다(요1:30; 4:9; 7:27; 9:29; 10:33; 행 13:38). 예수님은 인성을 소유하신 사람이었으므로 사람의 이름들을 소유하셨고, 자신은 물론 사도들을 위시한 모든 사람들이 예수님을 사람으로 인식한 것이다.

(4) 인간적 성질들을 가지심(Human Natures)

예수님은 처녀 마리아를 통하여 인간의 성질을 이어 받았으므로 그의 인성으로는 인간의 성질과 제한성이 있었다. 그러므로 예수님도 배고프셨으며(마4:2), 목마르셨으며(요19:28), 피곤하셨으며(요4:6~7), 주무셨으며(눅8:23), 고난 받으셨으며(마27:46), 십자가상에서 못 박혀 돌아가실 때 양옆구리는 창에 찔려 피와 물이 쏟아져 나왔으며(눅22:44, 요19:30, 34), 영혼이 육체에서 떠났다(요 19:30).

감정적으로 기뻐하시고, 슬퍼하시고, 울기도 하시고, 사랑도 하시고, 불쌍히 여기시기도 하시고, 시험도 받으셨다(마9:36; 요 11:35; 히2:18; 4:15; 약1:13). 히브리서 기자는 예수 그리스도의 완전한 인성에 관하여 상기와 같은 그리스도의 인간적 경험을 묘사

---

85) [마8:20] "예수께서 이르시되 여우도 굴이 있고 공중의 새도 거처가 있으되 인자는 머리 둘 곳이 없다 하시더라"

하여 이르기를 "저가 범사에 형제들과 같이 되셨다"(히2:17)고 하였다. 예수님은 참으로 사람이셨다.

(5) 신체적 성장을 가지심(Physical Growth)

예수님이 이 세상에 태어났을 때 사람의 신체적 발달의 통상법칙에 순종하였다. 사람은 어린아이로 태어나 시간이 흐름에 따라 자라나는 것같이 예수님도 "자라며, 강하여지고, 지혜가 충족하며, 하나님의 은혜가 그 위에 있었다"(눅2:40, 52).

"자라나며 강하여지고"(Grew and became strong) 라는 말씀은 예수님의 육체적 성장을 가리킨다. 예수님은 육체가 자라나며 튼튼하여졌다. 예수님은 음식을 잡수시므로 정상적으로 신체가 성장하였다. "지혜가 충족하며"Being filled with wisdom) 라는 말씀은 예수님의 정신적 성장(Mental growth) 을 가리킨다. "은혜가 그 위에 있더라"(Grace of God was upon him)는 말씀은 예수님의 영적 성장을 가리킨다. 그러므로 예수님의 성장은 육체적, 정신적, 영적으로 균형을 이룬 성장을 하였다. 이와 같이 예수님의 신체적 성장은 곧 예수님의 인성을 증명하는 것이다.

(6) 고난(苦難)과 죽으심 그리고 장사됨(Suffering, Death and Burial)

예수님은 고난 받으시고, 죽으셨고, 장사지낸바 되셨다(고전 15:3; 요19:30; 눅23:46). 예수님은 전 생애 상에서 오랜 고난을 받으시되 특히 그의 생애 말기에는 형언할 수 없는 더욱 심한 고난을 받으셨다. 반역한 제자의 손에 의하여 원수들에게 넘겨졌으며 종교계의 심문(審問)들(안나스 앞에서, 헤롯 앞에서, 다시 빌라도 앞에서)을 다 받으셨다. 그리고 원수들은 예수님께 홍포를 입히고,

가시관을 씌우고, 오른손에 갈대를 잡게 하고, 얼굴에 침을 뱉으며, 갈대로 머리를 때리고, 십자가를 지워 골고다 언덕까지 가게 한 후 십자가에 못 박아 잔인하게 처형하였다. 아리마데 요셉과 니고데모 는 예수님의 시신을 아리마데 요셉의 소유인 새 무덤에 장사 지냈 다.

(7) 무죄(無罪)한 인성을 가지심(No sin in him)

우리는 예수님의 인성이 어떤 종류의 것인지를 판단할 때 신약 에서 찾아볼 수 있는 또 하나의 명확한 증언, 곧 그분의 무죄한 품 성에 대한 증언에 우리의 주의를 기울일 필요가 있다. 이 문제와 관 련된 명확한 진술이 신약에 여러 번 언급되어 있다. 히브리서는 예 수께서 "우리와 한결같이 시험을 받은 자로되 죄는 없으시다"(히 4:15)고 단언한다. 예수님의 수제자로서 누구보다도 예수님을 잘 알고 있던 베드로는 그분을 "하나님의 거룩하신 자"(요6:69)로 칭 하고, "저는 죄를 범치 아니하시고 그 입에 궤사도 없으시다(벧전 2:22)고 말한다. 또한 요한은 "그에게는 죄가 없다"(요일3:5)고 주 장하고, 바울은 그분이 "죄를 알지도 못하신다"(고후5:21)고 증언 한다.

이 문제와 관련된 그리스도 자신의 다음과 같은 간증(干證)들도 이에 못지않게 중요하다. "내가 아버지의 계명을 지켜"(요15:10), " 내가 항상 그의 기뻐하시는 일을 행함으로"(요8:29), 청중에게 "너 희 중에 누가 나를 죄로 책잡겠느냐"(요8:46)라고 하신 그리스도의 질문 또한 이와 동일한 의미로 하신 말씀인 것이다.

또한 그리스도가 취하신 인성은 타락 이전의 아담의 인성과 같은 인성이 아니었다. 그분의 인성은 타락 이후의 아담의 인성과 동일한 인성도 아니었는데, 이는 성경이 그리스도의 인성을 무죄한 인성으로 증언하고 있기 때문이다. 즉, 그분은 성령으로 잉태되셨으므로 그분의 출생은 초자연적인 것이었다(마1:20; 눅1:35). 아버지로부터 보내심을 받은 천사가 마리아에게 "나실바 거룩한 자는 하나님의 아들이라 일컬으리라"(눅1:35)고 말한 것은 이러한 이유 때문이다. 마침내 그분은 "죄 있는 육신의 모양으로 오셨다"(롬8:3). 또한 그분은 타락한 상태의 인성을 그 연약성 및 결함과 더불어 취하셨으며, 또한 죄의 결과(롬6:23)도 함께 지니고 계셨다. 하지만 그분은 죄는 없으셨다. 그분은 죄를 빼고는 우리 사람들과 똑같은 진정한 사람이었다. 죄가 없으셨으므로 그분은 "저(사탄)는 내게 관계할 것이 없으니"(요14:30)라는 말을 할 수 있으셨다. 그래서 요한은 "그에게는 죄가 없느니라"(요일3:5)고 기록한 것이다.

이상과 같이 예수님께서 고난 받으시고, 죽으시고, 장사지낸바 되심은 예수님이 분명히 인성을 소유한 사람이었음을 증명한다. 예수님은 우리와 꼭 같은 인간의 성정을 가진 사람이나 그의 인성에는 신성이 공존하였으며, 인간의 성질은 있으나 죄에 있어서는 결코 완전무흠(完全無欠)한 참 사람이었다.

3. 정통 개혁주의 "그리스도의 신인양성교리": 예수 그리스도의 양성단일인격 교리

예수 그리스도는 누구인가에 대한 앎 중에서, 그는 하나님이시며 동시에 사람, 즉 참 하나님이시며 참 사람(Vere Deus Vere

Homo)이라는 사실을 아는 것이 핵심인 것이다. 왜냐하면, 신성과 인성의 두 본성(양성단일인격)을 가진 예수 그리스도를 바로 알고 그 믿음으로 고백하는 것은 우리의 구원과 직접적인 관계를 이루기 때문이다.

모든 사람들은 인성을 가지고 있으며 유일신 삼위일체 하나님은 신성을 가지고 있다. 그런데 "성육신하신 하나님의 독생자 예수 그리스도의 이 특이하고 신비한 신성과 인성의 양성은 각각의 완전한 본성을 가지고 있다"는 것이다. 다시 말해, 완전하고 구별된 두 본성(신성과 인성)이 따로 떼어져 존재하는 것이 아니라 한 사람의 인격(위격, in a Person) 안에 연합하여 존재한다는 것이다. 또한 두 본성, 즉 신성과 인성은 각각 포함되거나 변화, 혼합 또는 섞이지도 않는 것이다. 마치 유일신 삼위일체 하나님의 존재 방식처럼 신비롭게도 성육신을 통하여 예수 그리스도께서 우리 인간에게 임마누엘하시고 계신 것을 알 수 있다. 본 장에서 주님의 본성(Nature), 신성과 인성의 신비한 연합에 대하여 자세히 살펴보고자 한다.

1) 정통 개혁주의 그리스도의 신·인성 교리 이해: '동일본질과 일위이성'에 대해

기독교 신앙의 중심이요, 핵심으로서 기독론(Christology)은 삼위일체교리에 기초를 둔다. 교회사를 보면 하나님에 대한 바른 이해를 통하여 당시 이단들로 하여금 기독교 사상에 대한 역행을 경고했다. 이는 하나님에 대한 바른 이해의 교리가 성경의 왜곡된 해석과 오류에 기준이 될 것이며 정통 개혁주의 신학에서 신구약 성경을 바르게 해석해 가는 것이 교회의 가장 중요한 일이며 우리에게 약속된 구세주요 메시아 이신 예수그리스도를 바르게 알아가는 유일한 길이 되기 때문이다.

　　정통 기독론 신앙은 삼일일체 안에서의 그리스도의 이해와, 그리스도의 신성, 인성, 성육신에 대한 고백이 나타난다. 하이델베르그 요리문답과 웨스트민스트 신앙고백서를 중심으로 정리하고자 한다.

(1) 하이델베르그 요리문답서: "그리스도의 신성과 인성 그리고 성육신"에 대하여 다음과 같이 고백하고 있다.

　　하이델베르그 문답서의 [제35문]에서 "하나님의 영원하신 아들이 참되시고 영원하신 하나님의 본질을 그대로 지니신 채 성령의 사역을 통하여 동정녀 마리아의 혈육으로부터 진정한 인간의 본질을 취하셔서 죄를 제외하고는 모든 것이 우리와 같은 형체가 되어 다윗의 후손으로 나셨다는 뜻이다"고 고백하고 있다. 이것은 그리스도의 인성을 부인하는 자들이 등장하였기에 그리스도의 신성뿐 아니라 참된 인성을 취하셨고, 인성을 취하셨을지라도 "영원하신 하나님의 본질을 잃어버리거나 포기하신 것이 아니라 그대로 지닌 채 참 사람이 되셨음을 고백했던 것이다." 또한 그리스도의 인격과 신성과 인성의 연합(聯合)에 대해 인정하며 [제18문]에서 "참 하나님인 동시에 참 사람이며, 완전히 의로운 인간인 이 중보자는 우리 주 그리스도인데 우리를 의롭게 하고 거룩케 하며 우리의 구속을 위해 하나님의 지혜(智慧)로우심으로 우리에게 오셨다."고 고백한다. 하이델베르그 요리문답은 그리스도가 참 하나님이시며 참 사람인 완전하고 의로운 인간이라고 말함으로서 우리의 구속을 위해

중보자(仲保者, Mediator) 되기에 충분하다고 말한다.[86]

[하이델베르그 요리문답]의 "그리스도의 신성과 인성 그리고 성육신"에 대한 고백은 다음의 [웨스트민스터 신앙고백서]에서 더욱 분명하게 그 성격을 드러내 주고 있다.

(2) 개혁주의 장로교가 고백하는 [웨스트민스터 신앙고백서][87]: 장로교 교단은 신앙과 생활의 기준으로서 성경을 [제1규준]으로, 웨스트민스터 신앙고백서를 [제2규준]으로 삼고 있다. 성경을 어떻게 볼 것인가를 하나님께서 섭리(攝理) 가운데 주신 기준이 웨스트민스터 신앙고백인 것이다.

웨스트민스터 신앙고백 제2장 3항의 삼위일체와 그리스도에 관한 교리는 그리스도의 신성과 인성은 절대로 변질되거나 합성되거나 분리되거나 혼동이 있을 수 없으며, 한 위(인격)에 결합되었다고 고백한다. 8장 2항에서 그리스도의 동일본질과 양성교리가 고백된다.[88]

이는 "삼위(三位) 중에 제2위이신 하나님의 아들은 참되시고 영원하신 하나님이시요, 성부와 한 본체이시며, 또한 동등하

---

86) Z. Ursinus, Oliviavianus, Friedrich Ⅲ 공저(권호덕 역), 「하이델베르크신앙교육서」 (서울: 도서출판 Th. & E., 2020), p.28, 80

87) [Confession of Faith]: the Larger and Shorter Catechisms, with the Scripture proofes at Large: together with The Sum of saving knowledge, Scotland, 1983 p.45. 이후 Confession of Faith라 칭함.

88) **웨스트민스터 신앙고백서에서 기독론은** [제 8장] 한 장에서 고백 된다. 그 내용은 중보자로서 예수, 그 백성에게 선지자, 제사장, 왕이 되신 분, 교회의 머리와 구주가 되신 분, 만물의 후사와 세상의 심판자가 되신 분, 삼위일체 중의 제 2위가 되신 분, 그리고 성육신, **신인 양성일위의 결합(연합)**, 참 하나님이요 참 사람으로서 하나님과 사람 사이의 유일하신 중보자 중보와 보증의 직무 실행에 철저한 자격을 갖추심, 이 직분 수행과 관계된 비하와 승귀, 완전한 순종과 단번의 희생제물, 그리스도의 구속사역의 성육신 전과 후의 적용, 속량의 은혜의 효과적인 전달 등이 고백된다. 기독론의 특징은 삼위일체 안에서의 예수 그리스도를 고백하고 있다는 것이다. 또 사역에 관하여는 삼위일체 하나님의 신적 작정(作定) 속에서 그리스도의 구원사역을 고백한다.

신 분이시며, 때가 차매 인간의 본성을 취하셨다(요1:1,14; 요일 5:20; 빌2:6; 갈4:4). 또한 인간의 본성에 속한 모든 본질적인 성질들과 일반적인 연약함들을 아울러 취하셨으나, 죄는 없으시다(히 2:14,16,17; 4:15). 그는 성령의 능력으로, 동정녀 마리아의 몸에 잉태되시고, 그녀의 피와 살을 받아 태어나셨다(눅1:27,31,35; 갈 4:4). 그러므로 두 개의 온전하고, 완전하고, 구별된 본성인 신성과 인성이, 전환이나 혼합이나 혼동됨이 없이, 한 인격 안에서 분리할 수 없게 서로 결합/연합되었다(눅1:35; 골2:9; 롬9:5; 벧전3:18; 딤전3:16). 그 인격은 참 하나님이자 참 사람이시되, 한 분 그리스도요, 하나님과 사람 사이의 유일한 중보자(仲保者)이시다(롬1:3,4; 딤전2:5)."[89]

7항에서 일위 이성교리(일위 양성교리)가 고백된다. "그리스도 께서는 중보 사역에 있어서 그의 두 본성, 곧 신성과 인성을 따라서 행하시되 각 본성은 그 본성 자체에 본래 속한 것을 행하신다(히 9:14; 벧전3:18)."[90]

2) 인류의 구속사역을 위해 그리스도가 신성과 인성을 가지고 있어야 하는 이유는?

참 하나님(신성)이신 예수 그리스도가 하나님이심과 함께 사람, 곧 인성을 입으셔야 하는 이유는 무엇인가? 이 세상에는 인간으로서 죄 없고 흠이 없는 어떤 사람도 존재하지 않는다(롬3:23)는 사실 때문인 것이다. 다시 말하면 하나님의 아들이신 예수 그리스도

89) G.L. 윌리암슨(나용화 옮김), 「웨스트민스터 신앙 고백서 강해」, (서울: 개혁주의신행협회, 1990). pp.124-128.
90) Ibid., p.140.

가 죄 없는 인간의 몸으로 오셔서 죄 없는 제물(祭物). 즉 죄가 없는 참 인간(인성)이 되어 효력 있는 제사(죄의 대가로서 그의 피)가 드 림 바 되어야하기 때문이다(벧전3:18, 히9:22).

영원하고 무한한 가치가 있는 그 분의 효험 있는 보혈(寶血)로 말미암아 우리의 죄가 씻기어지는 것이기 때문이다. 그래서 그 분 은 하나님(신성)이셔야 한 것이다. 또한 구원 받은 자에게 성령을 부어 주고 그 구원이 이 땅에서부터 하나님 나라에까지 적용되게 해야 하기 때문에 그 분은 반드시 신성을 필요로 하는 것이다(제 III 장의 내용과 일부 중복된 내용이나 중요성을 고려하여 재 기술함).

(1) 죄 없는 제사(제물), 즉 허물이 없는 제사가 요구되기 때문이 다: 인간의 죄를 대속하는 제물은 흠이 없는 것이어야 한다. 따라 서 하나님이시며 신성의 위격을 가지시고, 성육신하셔서 인성을 취 하신 하나님의 어린양 성자(聖子)[91]께서 그 제물이 되신 것이다(요 1:29)[92]. 따라서 죄의 삯으로 드려진 인성(人性)의 제물이었지만 신 성을 가지신 그리스도이시기에 죄는 없으신 참 사람으로서의 제물 이 된 것이다(고후5:21).

(2) 효력 있는 제사와 무한한 가치를 지닌 제사(제물)되기 위함 이다: 모든 사람의 죄 값을 치루는 대속제물로서의 그리스도는 이 세상의 어떤 귀한 것으로도 대체 할 수 없는 그런 무한한 가치를 지 닌 신성이 요구되는 것이다. 그래서 주님의 십자가 대속은 온전한

---

91) "성자의 신격에 있어서 말씀은 하나님과 함께 계시는 영원하신 지혜를 의미하며 이 말씀은 진실로 하나님이시며 하나님께서 태초부터 말씀으로 하여금 창조사역에 참여하게 하셨고 이 말씀이 태초로부터 하나님과 함께 계시는 하나님이시며 동시에 만물의 원인이며 성부와 연합되어 있는 분이라고 선언하였다. 이 말씀은 불변하시며 하나님과 영원히 동일하시고 바로 하나님 자신이다"[칼빈, 「기독교 강요」, I, 13,7]
92) "이튿날 요한이 예수께서 자기에게 나아오심을 보고 이르되 보라 세상 죄를 지고 가는 하나님의 어린 양이로다"(요1:29).

대속 제물이 된 것이다. 따라서 우리의 구원을 위하여 다른 어떤 것이 더 필요 없는 충분한 값이 지불된 대속(Redemption)인 것이다.[93]

(3) 또한 그 분은 참 인간으로서의 인성이 있어야 하는 존재이다: 왜냐하면, ① 타락한 인간의 죄를 씻기 위한 피 흘림(롬3:23, 6:23: 히9:22)이 필요하고 ② 우리 인간의 죄에 대한 유효성 있는 대속의 제물이 되어야 하기 때문에 그리고 ③ 우리 인간의 대제사장과 중보자[94] 및 ④ 인간의 모본이 되셔야 하기 때문이다. 이는 인간이 하나님 앞에 어떻게 올바른 삶을 살아야하는가를 보여주는 참 사람의 본보기가 되셔야 하기 때문이다. 이것이 그리스도의 신성과 인성의 양성일인격(兩性一人格)[95]의 필요성이 절대적으로 요구되는 것임을 말하는 이유이다.

3) 그리스도의 신·인성 양성과 관련한 동방박사의 세 예물(禮物)의 예언적 의미: 동방박사들은 성육신한 아기 예수님께 왜 황금과 유향 그리고 몰약을 예물로 드렸는가?

예수님이 탄생하셨을 때, 동방의 박사 세 사람이 별을 따라서 베

---

93) 그리스도의 구속에 대한 잘못된 신학사상을 가진 대표적인 최근 교리적 이단성을 보인 예로서 장신대 사례를 들 수 있을 것이다. 미국 버클리 연합신대원에서 박사학위를 받은 [이상학 목사는 그의 학위 논문(제목: 한의 경험으로부터 구원과 죄악의 이해에 대한 재평가)에서, 기존의 구원에 대한 개념, 즉 그리스도의 완전한 제물 됨으로 인하여 인간의 구속을 위하여 다른 어떤 것이 더 필요하지 않는 것임을 부인하고, 그리스도의 구속에 더하여 한의 치유가 더 필요함을 주장하였다. 이는 교리적 이단으로서 문제시 되고 있는 상황이다 [황규학, 「장신대 죽은 신학의 사회」, (서울: 에셀나무, 2021), pp. 95~99].

94) 웨스트민스터 대요리문답은 하나님과 사람 사이의 화목을 위해 필요한 중보자는 하나님이신 동시에 사람이어야 하며 양성단일위격이어야 한다고 고백한다. 또한 그리스도가 하나님과 사람이어야 하는 이유가 우리를 위해 하나님께서 신인 각성의 그 특유한 사역을 전인격의 사역으로 받아들이게 하기 위함이라고 말한다.

95) 웨스트민스터 대요리문답은 중보자가 하나님의 영원한 아들로서 사람이 되어 영원히 하나님과 사람으로서 구별된 두 성품으로 한 위격을 가진 분이라고 고백한다[김의환, 「개혁주의 신앙고백집」, p.179].

들레헴까지 와서 아기 예수님께 드린 세 가지 예물, '황금, 유황, 몰약'에 담긴 감추어진 그리스도의 신·인성의 계시적 비밀에 대하여 살펴보고자 한다(마2:11).

"집에 들어가 아기와 그의 어머니 마리아가 함께 있는 것을 보고 엎드려 아기께 경배하고 보배합을 열어 황금과 유향과 몰약을 예물로 드리니라"(마2:11).

(1) 첫 번째 예물인 황금은: 부(富)를 상징하는 것으로 당시에 오직 임금께만 바치는 아주 값비싼 예물이었다. 황금을 준비 한다는 것은 이미 왕 중의 왕이 나타났을 것이라는 예측을 했다는 것이다. 그리고 그 예물을 갓 태어난 아기에게 바쳤다는 것은 아주 확실하고 진지한 믿음의 경배였다. 황금은 인간 최고위의 통치자인 왕(인성, Human Nature)에게 드리는 동서고금 최고의 예물이라고 본다. 이는 하나님(신성)이신 만왕의 왕 되신 아기 예수님(참 신과 참 사람이신 분)께 황금을 드리는 것은 합당한 예물이다. 따라서 동방박사가 아기 예수께 드린 이 '황금 예물의 의미'는 예수님은 온 우주의 영원한 왕이신 하나님 곧, 신성으로서 또한 인성을 취하신 유일한 메시야라는 믿음의 고백인 것이다.

(2) 두 번째 예물인 유황은: 아라비아 지방의 관목에서 채취한 향기로운 송진으로서 당시 가장 거룩한 신에게 제사드릴 때 사용하는 향료이다. 또한 제사장이 성막에서 하나님을 예배할 때 사용하는 매우 귀한 고가의 향료이다. 제사장이 백성들의 죄 사함을 위해 중보자가 해 주었듯이 제사장 되시는 예수님께서 자기를 힘입어 하나님께 나아오는 자들의 죄를 위해 중보 해 주시는 중보자 되심을 의미하는 것이다. 따라서 동방박사의 유황 예물은 우리 인간의 영

원한 대제사장이시며 참 하나님(신성, Divine Nature, Divinity)
이신 예수 그리스도께 매우 합당한 예물로 드려진 것으로 볼 수 있
다.

(3) <u>세 번째 예물</u>은: 그 뜻을 가히 짐작할 수조차 없는 기이한 예
물이었으니 바로 몰약이다. 시체를 염할 때 썩지 말라고 사용하는
방부제의 일종인데, 매우 귀한 신분을 가진 사람이 죽었을 때만 그
시체에 바르는 고가의 값비싼 물품이다. 이제 태어난 아기에게 상
식에 맞지 않게 몰약을 드리는 것이 해괴한 일이 아닐 수 없다. 그
러나 그것은 세상 곧 우리 죄를 짊어지고 십자가에 달려 처형될 하
나님의 어린양, 즉 그리스도의 신·인성이 그의 대속사역에 적용될
것임을 예견한 예사롭지 않은 놀라운 예언인 것이다. 그러므로 아
기 예수께 드려진 몰약은 예수님의 수난과 죽음을 미리 예견하고
준비한 신비스런 예물로서 참으로 합당한 것이라 할 것이다.

요약컨대, 동방의 세 박사(점성가)들이 별의 인도에 따라 만왕의
왕이신 구주 예수님의 성육신하신 밤에, 하나님의 지혜로 예수 그
리스도가 누구인지를 분명히 예지하게 하시고 그에 합당한 예물을
준비하게 하신 일은 인간의 지혜를 초월한 놀라운 일이다. 성경에
기록된 동방박사들이 아기 예수님께 드린 황금과 유황과 몰약은 "
<u>성육신한 예수 그리스도의 참 신과 참 사람 된 인격과 주님의 만인
을 위한 죽으심의 대속사역을 분명하게 증언하고 증명한 것</u>"이다.
아울러 구약 성경에 예언된 메시아가 바로 아기 예수이심과 그 예

언이 성취됨을 선포(宣布)하고 증거한 것으로 보아야 할 것이다.[96]

4) 정통 개혁주의 그리스도의 신·인성 교리에 대적하는 이단주의: 이단들의 주장과 결과

2000년 기독교 역사 속에서 그리스도의 신성과 인성 교리를 거역하고 파괴하는 소위 이단적 요소들에는 어떤 것들이 있었는가에 대하여 기본적으로 크게 세 그룹으로 분류할 수 있다. 이러한 분류는 오해된 예수, 즉 자기중심적인 그리스도를 아는 이단들의 내용들로서, 예수 그리스도의 본성(Nature)과 인격(Person)에 대한 오류, 오해 및 이단으로 빠졌던 세 부류의 종파에 관한 논의로부터 시작하고자 한다. (자세한 설명은 논문 말미 [부록]을 참조).

첫째, 유니테리언(신성 거부론 자): 성경 말씀(빌2:6)은 그리스도를 참 하나님(근본 하나님의 본체이심)이라 증거 하는데, 이들은 그것이 아니라 예수의 신성), 곧 그리스도의 참 하나님이심을 부인하는 부류이다. 이들은 "하나님은 한 분이시기(그들은 삼위일체 하나님을 거부하고 일신론을 주장하기 때문)에 예수는 결코 또 다른 하나님이 될 수 없다"고 믿는 자들이다. 이들에게 예수는 신(하나님)이 아니고 단지 인간(사람)일 뿐이라고 말한다. 그는 인간인데, 어느 순간에 하나님이 그에게 임하셔서 메시아적인 사명을 감당토록 한 것이라고 주장한다. 이들을 '유니테리언'(Unitarian, 유일신

---

96) [마2:1-12] 동방 박사들의 방문: 박사(magi)라는 칭호는 페르시아와 갈대아 사람들이 천문학자와 현인들에게 붙여주는 것이다. 동방에서 온 박사가 드린 예물이 황금, 유향, 몰약을 드렸다고 해서 세 사람으로만 생각하는데 사실은 정확히 몇 사람인지는 정확히 알 수 없다. 별이 움직였다는 것은 하나님께서 초자연적으로 별을 움직여 아기 예수가 메시야 되심을 증거한 것이다. 이 예물에 대해서는 **황금은 인성(왕이신 예수)**, **몰약**은 대속의 죽음을 위함이요, **유향**은 그의 **신성(하나님)이심**을 위해서 드려진 것이다. 동방 박사들이 예수님께 경배하러 왔지만 이들은 진정한 의미에서 예수 그리스도를 잘 알지는 못했을 것으로 추정된다. 그저 한 나라의 왕이 되실 분이 태어난 것이라고 생각했을 것이다.

론자)라고 명명한다. 이들은 일신론(一神論)을 주장하기에 성령 하나님이나 성자 예수님, 즉 <u>예수 그리스도의 신성을 전면적으로 부인하는</u> 부류인 것이다.

둘째, 터튤리언(인성 거부론 자, 가현설): 또 다른 한 극단에 서 있는 부류로서, '터튤리언'(Tertullian, 가현설 또는 기독환영설)이 있다. 이들은 예수 <u>그리스도의 인성을 부인하는 자들</u>인데, 예수 그리스도가 세례를 받을 때의 어느 순간이나 그가 십자가에서 죽었을 때 하나님의 신이 내려와 잠시 인간의 모습으로 가현(假現)[97] 또는 환영(幻影)된 것이라 말한다. 그리고 그가 하나님처럼 보일지 모르지만 그는 그냥 인간일 뿐, 즉 예수는 잠시 하나님의 모습으로 세상에 가현한 인간일 뿐이라고 주장한다.

셋째 부류인, 아리우스파(유사하나님, 신성 부정): <u>그리스도의 신성을 인정하되 완전한 하나님은 아니고 단지 유사할 뿐이라고 하여 결국 그의 신성을 부정하는 부류</u>이며 강력한 이단의 부류로 분류된 '아리우스파'(Arianism, 유사신성주의자)에 속하는 자들이다. 그들은 예수 그리스도를 제2위격의 하나님은 아니지만 독특한 존재로 본 것이다. 즉, 하나님과 유사한 본질의 가치를 가진 예수 그리스도는 신성의 완전한 것을 가진 것은 아니라는 것이다. 결국 그리스도는 완전한 하나님은 아니고 예수를 하나님과 유사한 인간으로 간주하여 '유사 하나님' 또는 '유사 신성'이라 간주하는 것이다.

---

97) 가현(假現), 가현설적 기독론(Docetism): 외견상으로 사람으로 보인 것뿐이지, 실제로 육신을 입은 것이 아니라는 이론이다. 가현설은 물질은 악하며 참으로 존재하는 것이 아니라고 보는 헬라사상에 근거하여 예수님이 육체를 가졌을 경우, 그의 신성에 손상이 갈 것이라는 우려에서 나온 주장이었다. 그렇지만 그것은 [그리스도의 성육신]을 무의미하게 만들기 때문에 이단으로 정죄 받게 되었다. 사도 요한은 [요일4:2-3]에서 "이로써 **너희가 하나님의 영을 알지니 곧 예수 그리스도께서 육체로 오신 것을 시인하는 영마다 하나님께 속한 것이요** 예수를 시인하지 아니하는 영마다 하나님께 속한 것이 아니니 이것이 곧 적그리스도의 영이니라...."고 언급한 것은 [가현설]을 염두에 두고 한 말이다.

(1) 예수 그리스도의 양성(신성과 인성)에 관련된 고대 초기교회의 이단설(異端說) 정리

예수 그리스도의 인격에 관한 잘못된 개념들을 주장하는 이단설들이 초대교회 시대(주후1세기로부터 5세기)에 발산되었으며 이 이단설들은 추후 여러 형태의 이단종파들을 통하여 오늘에 이르기까지 영향을 주고 있다. 이러한 예수 그리스도의 인격에 대한 잘못된 이단설들을 본 논문 말미의 [부록]에서 자세히 정리하도록 한다.

A. 도케티파(Docetism, Doketismus): 그리스도의 인성, 도성인신을 부인한다.

B. 에비온파(Ebionism): 유대인 기독교인, 예수의 신성(Deity)과 선재성 그리고 동정녀 탄생을 부인한다.

C. 네스토리안파(Nestorianism): 그리스도의 양성 연합이 아닌, 양성 분리(Divine and Human Nature)를 주장, 즉 그리스도의 양성 연합을 부인한다.

D. 아폴리나리안파(Apollinarism): 그리스도의 인성의 완전성을 부인한다.

E. 아리안파(Arianism): 그리스도의 신성의 완전성을 부인한다(유사 신성을 주장).

F. 유티키안파(Eutychianism): 그리스도의 양성의 혼합(신인혼합의 단일성)을 주장한다.

(2) 그리스도의 신성과 인성에 관한 논쟁 역사의 고찰: 초대교회 이후, 칼케돈 공회 이전

기독론에 대한 논쟁은 초대교회 이후 현재까지 계속되어지고 있다. 기독론 논쟁이라 하면 한마디로 말해서, 예수께서 승천하시고 그리스도를 직접 만나보지 못했던 사도 후 시대의 여러 교부들이 그 당시의 여러 정황들을 확인하면서 교리를 정립하는 가운데 일어난 논쟁들을 말한다. 본 장에서는 본 연구의 준거(準據)로서의 교리인 기독교 역사상에 있었던 "그리스도의 신성과 인성"에 관련한 논쟁에 대하여 본 논문의 [부록]에서 자세히 정리한다.

A. 주후 1세기 말부터 2세기경까지 사도교부들은 엄밀한 의미의 기독론을 전개하지는 않았으나 간결하게 그리스도의 신성과 인성을 증거하였다. 그리스도를 다만 신격화된 **인간에 불과**하다는 [에비온파]가 등장했다.[98)]

B. 주후 2세기 말부터 3세기 중엽에 걸쳐 알렉산드리아 학파(클레멘스, 오리게네스)와 북아프리카 학파(터툴리아누스, 키프리아누스) 등이 일어나면서 '로고스 기독론'을 발전시켰다.

C. 4,5세기에 들어 기독론 논쟁은 극렬해지기 시작했는데, 그 중심에는 오리게네스 학파의 분열 곧 좌익의 아리우스파와 우익의 아타나시우스파 사이의 갈등이 있었다. 아리우스는 아들(성자)과 성부 하나님은 이질적 존재로 보고, 아들은 단지 피조물에 불과하다면서 그 신성을 한정하였다. 이것은 제1차 콘티노플 공의회(381년)에서 배척되었다.

---

98) 허호익, 「신앙, 성서, 교회를 위한 기독교 신학」, (도서출판 동연, 2009), pp. 57~58, **양자론과 가현설의 양성론 논쟁:** 에비온파는 '하나님은 한 분'이라는 쉐마(신6:5)에 따라 유일신 신앙을 강조하는 유대교 전통을 버리지 않고 수용하였기 때문에 예수가 하나님의 아들 또는 하나님이라는 신앙을 수용하면 하나님이 2분이 되는 이신론에 빠진다고 보았다. 그래서 예수는 자기들과 똑같은 다윗의 후손인 유대인으로 태어났으나 율법을 새롭게 해석하고 철저히 실천하였으므로 세례 시 하나님의 아들로 인정받아 하나님의 양자가 되었다는 양자설을 주장하여 그리스도의 선재성과 완전한 신성을 부정하기에 이르렀다.

D. 5세기에 들어 안디옥 학파의 네스토리우스(Nestorius)는 아폴리나리우스에 대한 반동으로 그리스도의 신성과 인성의 구별[99]을 지나치게 강조한 나머지 한 인격 안에서의 통일성을 위태롭게 하여 알렉산드리아의 키릴루스(Cyrillus, 376-444년)로부터 격렬한 공격을 받았고 결국 에베소공의회(431년)에서 정죄되었다.

(3) "그리스도의 신성과 인성"에 대한 정통 교리의 핵심: 칼케톤 신조 (451년) 본문

'칼케톤 신조'의 본문에 그리스도의 신, 인성에 대하여 다음과 같이 정의 또는 기술되어 있다. 이러한 정의는 신성과 인성의 연합이 어떻게 해서 일어났나를 정의하려는 것이 아니라 오류를 범하지 않도록 그 한계를 그으려는 것이라고 본다."그러므로 교부들을 따라서 우리 모두는 한 분이신 성자, 우리 주 예수 그리스도를 고백 하도록 가르치는 일에 하나가 되었다. 그는 하나님으로서 또한 사람으로서 완전하시며, 참 하나님이시고, 참 사람이시며, 이성적인 영혼과 몸을 가지고 계신다. 그는 신성으로는 아버지와 동일본질이시고, 인성으로는 우리와 동일본질 이시다. 그는 만사에 있어서 우리와 같으시나 죄는 없으시다.[100] 그의 신성은 시간 이전에 성부에게서 나셨고, 그의 인성은 마지막 날에 우리와 우리의 구원을 위하여 동정녀 마리아에게서 나셨으니 그는 하나님의 어머니(데오

---

99) 벌코프(Louis Berkhof)는 당시 그릇된 교리를 주장하였던 네스토리우스와 유티케스에 관해서 다음과 같이 잘 요약하여 설명해 주고 있다. "몹수에스티아의 데오도레(Theodore of Mopsuestia)와 네스토리우스는 그리스도의 완전한 인성을 강조했고, 그 안의 로고스의 내재를 신자들도 정도 차이는 있지만 똑같이 누리는 단순한 도덕적 재주로만 이해했다. 그들은 그리스도 안에서 하나님과 함께 사람을, 곧 하나님과 연합하고 하나님의 목적에 동참하지만 단일한 인격적 생명의 하나 됨에서는 그와 하나가 아닌 사람을 보았던 것이다. 즉, **두 인격으로 구성된 한 중보자로 보았다**"

100) G.L.윌리암슨, 나용화 옮김, 「웨스트민스터 신앙 고백서 강해」, 1990. pp.124-125.

토코스, theotokos)이시다. 우리는 유일하신 한 분 성자시요, 주시요, 독생자이신 그리스도를 고백한다. 그는 두 본성으로 인식되지만, 두 본성은 혼합이나 변화나 분할이나 분리가 되지 않음을 인정한다. 인격적인 연합은 각 성의 특성을 없애는 것이 아니다. 오히려 양성은 각 본성의 특이성을 보존하면서 하나의 품성과 자질로 연합되어 있다. 두 품성은 분열되거나 분리되지 않고, 한 분이시고 유일한 독생자이신 로고스 곧 주 예수 그리스도가 되셨다. 선지자들이 이렇게 증거 하였고, 주 예수 그리스도께서 우리에게 이와 같이 가르치셨으며, 교부들이 우리에게 이와 같이 가르치셨고, 교부들이 우리에게 전해 준 신조도 우리에게 이와 같이 가르치셨다."

이상의 그리스도의 신·인성에 관한 [칼케돈 신조, 451년]를 요약, 정리하면, "그리스도는 본질상 하나님과 동일하고 또한 인간이 되심에 있어서 우리와 동일하다"고 하는 그리스도의 양성교리를 교회의 정통교리로 확립한 것이다. 다시 말하면, "그리스도는 완전한(참) 하나님이며 아울러 완전한(참) 사람이며, 두 본성은 나누어지지 않고(the integrity of the two natures), 분리되지 않으며(the Oneness of personality), 변하지 않고, 혼합되지 않는다(the distinctness of the two natures after the union)"고 천명(闡明)한 것이다.[101]

아래에 제시된 [표 #1]은 고대, 초대교회(1-5C) 시대에 나타나 현대에 이르기까지 그 영향을 미치고 있는 이단들의 [그리스도의 신·인성 교리]의 오류에 관한 내용을 표로 정리한 것이다. [표 #1]

---

101) ① 양성의 실제성(the reality of two natures). ② 양성의 완전성(the integrity of the two natures). ③ 양성이 연합된 후에도 각각의 독특성(the distinctness of the two natures after the union). ④ 결합된 후의 위격의 통일성(the Oneness of personality)이다.

에 대한 자세한 설명은 본 논문의 말미에 있는 [부록]을 참조 바람.

에비온주의 (유대기독교) 1-2세기	아리안주의 (도성이신문제) 4-5세기	유티키안파 (유티케스) 5세기	네스토리안파 (안디옥학파) 5세기	아폴리나리 _우스주의 4-5세기	도케티주의 (영지주의) 1-2세기
신성 실제부인 †선재/성육신 을 부인함	신성 완전성 부인 유사신성주장	신인 혼합 신성단일본성	신인 분리 양성이중인격	인성 완전성 부 인	인성 실제부인 도성인신 부인
단일신론주의	아들(성자)는 단지 피조물에 불과	네스토리우스 반동함 신성이 인성을 흡수(혼합)	양성연합을 부 인함	아리우스에 반 대함(신성강조)	예수가 육체로 온것은 실재가 아니라 외견상 환영(幻影)
이그나티우스 (35-107년경) 이레니우스 (97-147년)에 게 저지당함	니케아회의 (325), 콘스탄 티노플(381) 이 단정죄	칼케톤(451년), 3차콘스탄티노 플(681년)에서 이단정죄	에베소(431년), 3차콘스탄티노 플(681년)에서 이단정죄	1차콘스탄티노 플회의(381년) 에서 이단정죄	2C초교부, [이 그나시우스/이 레네우스]에게 저지당함

① **에비온주의**: 신성의 실제성 부인(denied the reality of the divine).
② **도케티/영지주의(가현설)**: 인성의 실제성 부인(denied the reality of the human nature).
③ **아리안주의**: 신성의 완전성 부인(denied the integrity of the divine nature).
④ **아폴리나리우스주의**: 인성의 완전성 부인(denied the integrity of the human nature).
⑤ **네스토리안파**: 신·인분리 양성이인격
⑥ **유티키안파(Eutychianism)**: 신인혼합 단일본성(단성론)

[표 #1]: 그리스도의 양성(신성과 인성)에 관련된 고대(초기교회)의 이단설 비교

　지금까지 필자는 기독론, 특히 그리스도의 성육신, 신성과 인성 교리에 대한 발전과 논쟁의 역사를 정리하였다. 기독교 역사 속에서 기독론 논쟁을 해결하고 교리로 구체화시킨 주요 공회의들을 한 문장씩으로 요약 정리하면 다음과 같다.

ⓐ **니케아 회의(325년)**에서는 "그리스도는 하나님(신성)이시다." 곧 예수 그리스도가 [참 하나님이요 참 인간]이라 결론 내렸다. 그

러나 그리스도의 신성과 인성이 어떤 관계인지를 다루지 못했다. 이 문제로 많은 논쟁이 계속 있었는데, 콘스탄티노플 회의와 칼케톤(451)에서 결론이 났다.

ⓑ 1차 콘스탄티노플 회의(381년)는 "그리스도는 참 인간(인성)이시다."

ⓒ 에베소 회의(431년)는 "그리스도의 인격은 하나(단일인격)이시다."

ⓓ 그리고 칼케돈 회의(451년)는 "그리스도의 본성은 신성과 인성의 둘(양성연합)이다"라고 선언하였다.[102] 또한 그리스도는 성부와 동일 본질(본체), 완전한 인간(人性)임을 확인하고,

'동정녀 마리아'를 '데오토코스'(하나님의 어머니)로 확정(그리스도의 神性 확인)하였다.

그리스도의 성육신을 포함한 신·인성 교리 논쟁의 역사를 연구하면서, 이 논쟁의 과정 속에는 수많은 사건들이 있었음을 알게 되었다. 또한 거기에는 피치 못할 교회의 쟁투와 정죄도 있었음을 보여주었다. 그러나 이러한 역사의 과정 속에는 하나님의 면밀한 손길과 섭리가 있음을 부인할 수 없다. 그 증거는 칼케돈 신조이며, 그 내용은 오늘날 기독론의 근간(根幹)을 이루게 된 것이다. 그러므로 지금도 잘못되어져가고, 왜곡 되어져가는 기독론을 하나하나 정립하여 가장 정확하고, 올바르면서 하나님이 기뻐하시는 기독론으로 만들어가야 할 것이다 .

사단은 지금도 우리로 하여금 예수가 그리스도라는 사실을 모르게 하거나 오해하도록 주장하고 있다. 만일 이 세대(世代)가 현대

---

102) J. L. 니브, O. W. 헤이크, 서남동 역, 「기독교신학사」, (대한기독교서회, 1995).

자유주의를 포함한 진화론 신학, 과정 신학, 동양철학적 신학, 통일 신학, 한의 신학, 민중 신학, 페미니즘 신학, 대안 신학 등 근본을 알 수 없는 신학파 이단이 난무하고 있는 이 혼탁한 종말 시대에 정통적 개혁신학 기독론을 올바로 이해하고 바르게 인식하지 못한다면 그 누구라도 부지불식간에 이단으로 빠지게 되고 결국은 사단의 종노릇할 수밖에 없게 될 것이다. 우리는 지금 올바르고 유일한 구원의 길인 예수 그리스도에 대한 참 진리의 복음을 깨달아 알고 그것을 교회(성도)에 힘써 전해야 할 것이다.

IV. "그리스도의 성육신, 신인양성 교리"에 대한 서사라 목사의 이해와 인식 검증

본 논문에서 수행하고자 하는 핵심 과제인 '그리스도의 성육신과 신·인성 교리'에 대한 서사라 목사의 신학적 이해와 인식 그리고 그 적용에 대한 평가를 그의 저서, '천국과 지옥 간증수기' [제2권과 3권 그리고 5권]을 중심으로 출발하려고 한다. 서사라 목사의 그리스도의 성육신과 신·인성 교리에 유관한 발언이나 이해 또는 인식들은 그의 간증수기 저서들(총8권)[103] 속의 여러 에피소드들(Episodes) 안에 간헐적으로 스며있지만 연구과제와 직결된 교리적 팩트와 단서(Critical Fact and Clue)를 제공하는 곳은 위의 세 권의 책 속에 집중되어 있음을 확인하였다. 따라서 본 연구논문의 주된 원천(Source)은 서 목사의 간증저서 [제2, 3, 5권]에 집중됨을 밝혀 둔다.

그리고 본 연구의 효율적인 목적 달성을 위하여, 다음과 같은 프로세서(Process)로 과제를 수행할 것이다.

첫째, 선정된 간증저서 안에서 연구주제 교리에 부합한 에피소드를 채택(採擇)한다.

둘째, [에피소드 내용분석]을 통하여 저자(서 목사)의 주장(인식과 이해) 또는 발언에 대한 연구자(필자)의 분석과 논평을 제시한다.

셋째, 평가의 준거인 핵심교리(그리스도의 성육신, 신·인성 교

---

103) 서사라, 『이제도 있고 전에도 있었고 장차 올 자 예수 그리스도 Jesus Christ, who is, and who was and who is to come, "과학자였던 서사라 목사의 천국과 지옥 간증 수기"』 (남양주, 하늘빛출판사, 2019, 초판 4쇄)

리)에 비추어 서 목사의 본 교리에 대한 이해와 인식이 얼마나 어떻게 부합 또는 불일치하는지를 최종 판단한다.

마지막으로, 채택한 에피소드들 속에 적용된 교리관점에서 분석, 평가한 결과를 종합적으로 정리하여 저자 서사라 목사의 신학사상을 검증할 것이다.

위 프로세서의 실행에 앞서, 본 연구의 주 과제인 그리스도의 성육신과 신·인성 교리, 특히 "그리스도의 성육신(동정녀 탄생, 선재성)과 신·인성(양성연합, 단일인격) 교리"와 가장 유관한 성경 말씀으로서 사도 요한이 그의 복음서 요한복음의 서언에서 기록한 말씀[요1:1, 요1:14]에 주목하고자 한다. 왜냐하면 이 말씀이 본 연구의 핵심과 그 중요성을 잘 요약해 주기 때문이다.

"태초에 말씀이 계시니라 이 말씀이 하나님과 함께 계셨으니 이 말씀은 곧 하나님이시니라"(요1:1)

"말씀이 육신이 되어 우리 가운데 거하시매 우리가 그의 영광을 보니 아버지의 독생자의 영광이요 은혜와 진리가 충만하더라"(요1:14)

사도 요한이 기록한 복음서 서언 중, "태초에 계신 말씀"이 "하나님과 함께 계셨"으며, "하나님이신"(요1:1) 그 "말씀이 육신이 되셨다"(14절)는 것과 그 말씀이 육신이 되셨을 뿐 아니라 "우리 가운데 거하시"기(14절)까지 하셨다는 요한의 주장에 독자들은 주목해야 할 것을 요청한다. 왜냐하면, 태초에 계셨던 말씀은 곧 하나님이시며(신성) "우리 가운데 장막을 치고 거주하셨다"(인성)는 의미로서, 결국 성육신, 곧 말씀이 육신을 입으신 것을 말하는 이 강력한 표현은 주 예수 그리스도의 선재성에 관한 확실한 암시를 내포하고 있기 때문이다. 따라서 성육신 교리는 '그리스도의 선재성과 그의 신·인성'을 부인하고서는 성립될 수 없는 것임을 암묵적으로 전제하고 있는 것이다.

하나님의 아들께서는 베들레헴에서 아기예수로 탄생하기 이전에 이미 존재하셨으며, 또한 그분이 영원 전부터 아버지와 더불어 영광을 누리던 하늘로부터 "내려오셨다(요3:13)"[104]는 이 그리스도의 성육신(선재성과 신·인성)에 대한 가르침은 우리가 그분(그리스도)의 위격과 사역을 이해하는 데 핵심적인 요소가 되는 것이다. 그것은 그리스도의 출생이 단지 한 위대한 인물의 출생이 아니라 그 본질에 있어서(in the Essence) 하나님과 동일하신(신성) 존재가 인간의 삶 속으로(인성의 몸을 입으시고) 들어오신(임마누엘), 결과적으로 성삼위일체 하나님의 제2위격이신 성자 하나님께서 사람으로 오신[105], 즉 신인양성연합인격[106]의 그리스도가 되신 사건임을 증언하여 주기 때문이다.

---

104) "하늘에서 내려온 자 곧 인자 외에는 하늘에 올라간 자가 없느니라"(요3:13, 6:38, 51).

105) [갈라디아서 4:4] "때가 차매 하나님이 그 아들을 보내사 여자에게서 나게 하시고 율법 아래에 나게 하신 것은" 이 말씀으로부터 우리는, 때가 되어 성부는 성자를 이 땅에 보내셨으며, 여자에게 나게 하시고 율법 아래 태어나게 하셨다. 일반적으로 예수님이 탄생하면서부터 하나님의 아들이라고 부른다. 또한 [성육신]하기 이전에도 성자(聖子)이셨음을 알 수 있는 것이다.

106) [칼케톤 신조]는 "신성과 인성 각성의 특성은 연합으로 인하여 무효가 되지 않는다. 오히려 각성의 고유성이 보존되고 <u>양성이 한 품성과 한 인격으로 일치를 이룬다.</u> 양성은 갈라지거나 두 품성으로 분리될 수 없고 오직 합하여 하나님의 한 분이시며 유일하게 독생하신 하나님, 곧 주 예수 그리스도가 되셨다."라고 규정한다. 정리하면, <u>양성의 본성은 연합하면서도 각 본성의 고유성을 지킨다.</u> 즉 십자가 사역에서 인성이 고난을 받는 것이지 신성이 죽거나 고난받았다고 이해하면 안 된다. 신성은 신성의 고유한 성질을 그대로 지키고 계신 것이다.[하이데베르크신앙교육서]는 신인성의 연합(조직신학에서는 '이성일인격' 또는 '양성일인격'으로 불림)과 신성의 고유성이 얼마나 놀라운 것인지를 더 자세히 설명한다. 중보는 신인성이 하시되, 고난은 인성으로 받으신 것이며, 신성은 죽거나 고난 받지 않는다고 가르친다(과거 성부수난설, 성자신성 수난설 모두는 이단으로 정죄되었음).

1. '천국에서 본 마리아와 아기예수 그리고 요셉의 동상' 에피소드 속에 나타난 그리스도의 성육신과 신인성 교리에 대한 서사라 목사의 이해와 인식 분석 및 평가(#1)

에피소드 출처:	[천국과 지옥 간증수기 제2권]-[에피소드 #07], (2013.12.22)
에피소드 제목:	천국에서 마리아와 아기예수 그리고 요셉의 동상을 보다(p.40-44).

A. 서사라 목사의 천상체험 기록 내용과 분석: '천국에서 본 마리아와 아기예수 그리고 요셉의 동상' 에피소드 속에 나타난 그리스도의 성육신과 동정녀, 신·인성 교리에 대한 서 목사의 이해와 인식(고백) 그리고 연구자의 내용 분석

"오늘은 주님이 특이하게 잿빛 옷을 입고 계셨다. 길지 않고 약간 무릎을 덮을 정도의 옷인데 허리에는 새끼줄 같이 생긴 허리띠를 둘렀는데 자세히 보면 금으로 된 새끼줄 같이 생긴 허리띠이다. 그리고 가슴이 파진 겉옷을 입고 계신다. 그리고 머리에는 가시관 같이 생긴 면류관을 쓰고 계신다. 이 면류관도 가시 면류관처럼 생겼으나 재료는 금으로 만들어 졌다. 주님의 가슴에 나 있는 까만 털들이 유난히 드러나 보인다. 이런 적이 없었는데....
나는 평상시와 같이 금 면류관에 흰 드레스를 입었는데, 주님을 보는 순간 나는 주님의 가시관 쓰신 모습에 내가 면류관 쓰고 있는 것이 민망하여 면류관을 벗었다. 흰 옷 입은 많은 무리들이 길 양쪽에서 우리를 환영한다...."

천상에서 서사라 목사가 목도(目睹)한 주님의 모습(잿빛 옷)에서 여느 때보다 좀 특이한 것을 느꼈다고 한다. 그리고 주님은 '새끼줄 허리띠를 하고 머리에는 가시 면류관'을 쓰셨으며 가슴 파인 겉옷을 입고 계셨다고 한다, 그런데 자세히 보니까 그 새끼줄 허리띠는 금 새끼줄 허리띠이며, 머리의 그 가시 면류관은 금으로 만든 면류

관이었다는 것이다. 특히, 파진 겉옷 속으로 보이는 주님의 가슴에 나 있는 '까만 털들'이 서목사의 시선과 생각을 붙잡고 있었다고 기술하고 있다.

그리스도의 성육신과 신·인성 교리 관점에서 이 상황에 대한 서사라 목사의 이해(Understanding)는 다음과 같은 것이다. 오늘따라 주님의 모습에서 초라한 인간적인 형상(잿빛 옷, 새끼줄 허리띠, 머리의 가시관, 가슴에 난 까만 털 등), 즉 주님의 인성을 강하게(특히 주님 가슴에 난 까만 털에서) 느끼게 되었다 는 것이다. 또 한편으로는, 주님의 평소와 다른 형상에 의아(疑訝)하여 좀 더 자세히 주님의 모습을 살피니 그는 영존하시는 왕이시며, 하늘과 땅의 모든 영광을 가지신 성자 하나님(신성)의 영화로운 모습(평상시의 긴 흰옷, 금 면류관, 금 허리띠)이 동시에 서목사의 눈앞에서 오브랩(Overlapping) 되어 인식하고 있는 것이다.

그렇다! 서 목사가 보는 이 영적 광경은 영원한 성자(聖子) 하나님(신성)께서 천상에서 지상으로 낮고 천한 인간의 몸을 입으시려 오심, 즉 하나님의 본체(참 하나님)이신 주님이 죄의 결과로 인한 낮고 천한 참 사람의 몸을 덧입으신 그 성육신(Incarnation) 사건을 리마인드(Remind)하게 만드는 것이다. 이는 지금 서 목사 자신 앞에 서 계신 주님의 본질, 즉 신성과 인성의 두 본성(Natures)이 연합되어 예수 그리스도라는 한 인격(Person)으로 나타난 그 실재(Reality)를 천상에서 영안으로 체험하고 있음을 고백하는 것이다. 참 신비로운 광경인 것이다.

잠시 후 서 목사는 평상시와 같이 금 면류관에 흰 드레스를 입고 있는 자신의 모습을 돌이켜보고 가시관을 쓰신 주님의 모습을 보는 순간 민망하여 면류관을 얼른 벗었던 것이다. 주변을 살펴보니 흰 옷 입은 많은 무리들이 길 양쪽에서 우리(주님과 서 목사)를 환영하고 있었다고 기록한다. 서 목사는 왜 면류관을 쓴 자신을 민망히 여기고 그 것을 벗은 것인가? 주님의 가시관을 보는 그 순간, 그리스도의 성육신은 주님이 십자가에 고난 받으시고 인간의 죄 값을 치루기 위해 죽으시려 이 땅에 오신 목적(십자가 대속사역)인 것을 깨달았고, 주님의 그 십자가의 고난과 대속(Redemption)[107]의 결과로 말미암아 서 목사 자신이 금 면류관을 쓰게 된 것을 알고 소스라치게 놀란 것이다. 그리고 저 길가에서 주님을 환영하는 수많은 무리가 왜 흰 옷을 입고 여기(천국)에 있는 이유를 분명하게 알게 된 것이다. 할렐루야!

"우리는 마침내 겉모양이 약간 나선형으로 만들어진 하얀 빌딩에 도착했다. 이 빌딩은 내가 처음 보는 빌딩이다.... 우리가 간 곳은 마리아가 아기를 안고 있는 것이 금은보석으로 만들어진 동상이 있는 곳에 온 것이다. 그 동상은 아주 실제같이 생겼다. 그 옆에는 동상으로 된 요셉이 서 있다. 참으로 놀랍다....
마리아에게 안겨 있는 아기에게서는 특별한 빛이 나오고 있었다. 나는 여기가 어딜까? 하고 생각했다. 그것은 아직 나에게 감추어져 있었다. 나는 마리아와 아기예수 동상을 보면서 천국에도 이런 것들을 두고 기념하는구나! 하고 감탄하고 있는데........ 우리 옆에 마리아가 벌써 도착했다. 주님이 나에게 마음으로 말씀하신다. "네가 오늘 이것을 설교했지?" 나도 속으로 "네 주님"하고 대답했다. 오늘이 2013년 12월 22일 주일로 크리스마스 전 주일날이었다.
그래서 나는 오늘 낮 주일예배 때에 '아기예수 탄생과 그 분이 오신 이유', 즉 우리를 위하여 그분의 죽으심을 설교했던 것이다. 3일만 지나면 크리스마스였다.

---

107) 예수님이 십자가에 죽으심의 보혈로 인류의 죄를 대신 씻어 구원함, 즉 남의 죄를 대신하여 자신이 그 죄 값을 당하거나 대신하여 속죄(贖罪)하는 것을 말한다. 부언하면, 물건에 대하여 그 값을 치루는 것을 의미한다(기독교 사전).

> 요셉도 곧 도착하였다. 그러니까 그 마리아가 아기예수를 안고 있는
> 동상과 그 옆에 요셉의 동상이 서 있는데 여기에 지금 나, 주님, 마리
> 아 그리고 요셉이 서서 그것을 구경하고 있는 것이다. 할렐루야! 그러
> 고서는 나는 내려 왔다."

서 목사가 방문한 곳은 나선형의 하얀 빌딩인데 처음 보는 건물
이라고 한다. 그 곳엔 금은보석으로 만들어진 아기예수를 안고 있
는 마리아 동상과 그 옆에 요셉의 동상이 서 있는 곳이다. 여기서
주목해야 할 팩트(Fact)는 동상이 아기예수를 안고 있는 마리아 동
상과 요셉의 동상이 구분, 분리되어 세워져 있다는 것이다(마리아
와 아기예수 동상과. 그 옆에 분리되어 있는 요셉의 동상의 의미는
아기예수의 동정녀 탄생을 상징하며, 분리된 요셉의 동상은 인간의
수태방식이 아닌 아기예수의 성령 잉태를 암시하는 것이다). 주님
과 이곳에 도착할 즈음에 마리아와 요셉도 각각 도착하여 그 동상
앞에서 서 목사는 주님과 마리아와 요셉이 함께 그 광경을 구경하
였다고 기술하고 있다.

이 광경(천상에서의 그리스도의 첫 성탄 기념 광경)을 본 서 목
사는 무엇을 생각했을까? 이에 대한 답변은 너무나도 명료한 것이
다. '그리스도의 동정녀 탄생'이며, 아기예수는 인간(처녀 마리아)의
몸을 덧입고 출생한 명백한 참 사람(인성)이지만 죄는 없으신 성령
하나님(신성)의 능력으로 잉태한 것임을 무언으로 고백하고 있는
것이다(서사라, 「천국지옥 간증저서 제2권」, 에피소드 #8 참조)[108].
그리하여 하나님의 독생자의 영광이 충만한 아기예수는 신·인성의
두 본성(Natures)을 가지신 그리스도 되심을 고백하고 있는 것이

---

108) [서사라, 「천국지옥 간증저서 제2권 에피소드 #8: 천국에도 크리스마스이브가
있다, 2013.12.24.]: 마리아의 고백 "내 주님이시여! 당신이 이 세상에 오실
때에 나 같은 계집종의 몸을 빌려서 오심을 감사하나이다", (서사라, 「천국지옥
간증저서 제2권」, p.47)

다. 이를 표상하여 서 목사는 "마리아에게 안겨 있는 아기에게서는 특별한 (아버지의 독생자의 영광의) 빛(요1:14)[109]이 나오고 있었다"라고 서술하였다(42쪽)

그리고 천상에서 내려와 다음과 같이 (오늘) 천상에서의 영적체험을 정리하였다.

> "그러고서는 나는 내려 왔다. 내려와서 생각을 해보았다. 오늘 주님이 내가 천국에 들어서자마자 왜 잿빛 옷에다가 가시 면류관을 쓰고 계셨는지 이해가 되었다. 왜냐하면 내가 오늘 그의 고난당하심과 죽으심을 아기예수 탄생과 함께 설교하였기 때문이다. 그러므로 주님은 나에게 그 옷과 가시 면류관을 통하여 그리스도의 수난을 상기시켜 주신 것이다.
> 그리고 우리를 환영한 그 많은 흰 옷 입은 무리는 그리스도의 수난으로 인하여 구원받은 무리였다. 오늘 주님은 나에게 아기예수 탄생을 설교한 나에게 또한 그의 탄생은 우리를 위해 죽어 주시기 위한 것이었음을 설교했던 나에게 꼭 그것을 다시 한 번 천국에서 재현시켜 주셨다고 할 수 있다. 할렐루야! 어찌 이런 일이! … 주여! 감사합니다."

B. 성육신과 신·인성 교리에 대한 서사라 목사의 이해와 인식의 논의와 평가: 앞에서 분석한 "간증 내용에 담긴 메시지들 속에 함축된 교리적 의미"를 논의 및 평가

1) '마리아와 아기예수 그리고 요셉의 동상' 에피소드 속에 나타난 그리스도의 성육신과 신·인성 교리에 대한 서 목사의 이해와 인식의 논증

서사라 목사의 간증수기 저서, 제2권의 에피소드(#7)에서 추출

---

109) [요1:14] 말씀이 육신이 되어 우리 가운데 거하시매 우리가 그의 영광을 보니 아버지의 독생자의 영광이요 은혜와 진리가 충만하더라

된 핵심 내용과 교리는 [그리스도의 성육신과 그의 신성과 인성]에 관한 메시지이다: 서사라 목사가 천상에서 목도한 전체적인 상황은 그리스도의 성육신과 연관된 내용들이다. 세부 내용은 "성육신의 의미와 목적, 주님의 신성과 인성, 동정녀 탄생 그리고 그의 십자가 사역"에 관련된 이슈들로서, 본 장에서는 이들 이슈들에 대한 서 목사의 이해와 인식이 정통 교리 측면에서 어떻게 부합 또는 불일치하는지를 논의 또는 논증한 후에 평가하고자 한다.

(1) '성육신(Incarnation)' 의미: 창조의 말씀이 육체를 입으시고 구속주 되셨다(요1:14)[110]

　서 목사는 성육신을 하나님의 영원한 말씀이 인간의 육체를 입으시고 세상에 오신 것으로 정의하고, 그리스도의 [성육신] 그 자체를 '구속사적'으로 이해한다. 즉 그리스도의 성육신의 동기가 하나님의 형상으로 지음 받은 인간이 타락하여 멸망(사망)에 이르게 되었는데, 이 인간을 구원하기 위하여 성육신하셨다는 것이다(서목사의 결론적 고백: "오늘 주님은 나에게 아기예수 탄생을 설교한 나에게 또한 <u>그의 탄생은 우리를 위해 죽어 주시기 위한 것이었음을 설교했던</u> 나에게 꼭 그것을 다시 한 번 천국에서 재현시켜 주셨다고 할 수 있다. 할렐루야"). 특히 서 목사에게 있어서 그리스도는 이미 성육신하시기 전부터 하나님의 영원한 말씀으로서 그는 영원 전부터 선재(先在)한 하나님의 영원한 아들이시었음을 고백한다.

(2) <u>그리스도의 '성육신' 목적 또는 이유: 주 예수 그리스도께서 타락한 우리 인간의 죄 값을 대속하시려 인간의 몸을 입으셨다.</u>

---

110) 말씀이 육신이 되어 우리 가운데 거하시매 우리가 그의 영광을 보니 아버지의 독생자의 영광이요 은혜와 진리가 충만하더라(요 1:14)

그리스도께서 성육신 하신 목적은 범죄로 타락하고 멸망에 처한 인류를 하나님 앞에서 대속을 위한 죄의 값을 치름으로 말미암아 하나님의 품성인 공의를 만족시키고, 그를 믿는 모든 자에게 그리스도의 공로로 말미암아 얻게 된 의(義)를 전가시켜 주시기 위함인 것이 일반적인 정통 교리의 이해이다. 서사라 목사는 그리스도의 성육신의 목적을 "주님이 십자가에 고난 받으시고 인간의 죄 값을 치루기 위해 죽으시려 이 땅에 오신 것" 곧 인간의 죄의 문제를 해결하고 다시금 사망의 법을 무력화하고 심히 부패되어 가는 인간을 사망에서 생명으로 향하여 하나님께로 나아가게 하는 것으로 이해한다(천국과 지옥 간증수기 제2권-에피소드 #07).[111] 이것이 하나님의 영원한 말씀인 예수 그리스도께서 인간의 몸을 입으시고 세상에 오신 '성육신의 이유'라고 분명히 증언하고 있다.

(3) 그리스도의 본성, 즉 그의 '신성과 인성을 취하신 이유': 하나님이 인간의 몸을 입으셔야만 하신 이유는 "구속사역의 필연성으로서 참 하나님과 참 사람"이셔야 한다.

그리스도의 본성, 즉 주님의 신성과 인성의 양성(兩性) 그리고 그들의 결합에 관한 문제는 초대교회에서부터 신학적 논쟁의 중심이었다. 하나님의 아들로서(신성)의 그리스도와 사람의 아들로서(인성)의 그리스도, 이 두 성품(Natures)에 관한 이슈를 어떻게 보아야 할 것인가를 바르게 이해하는 것과 그 중요성에 대한 인식은 기독교 초기 당시뿐 아니라 오늘날에도 매우 엄중한 사안(事案)인 것이다.

---

111) 서사라 목사는 "그리스도의 성육신(成肉身)은 주님이 십자가에 고난 받으시고 인간의 죄 값을 치루기 위해 죽으시려 이 땅에 오신 목적인 것을 깨달았다"고 고백한다. [천국과 지옥 간증수기 제2권]-[에피소드 #07], (2013.12.22)

그리스도가 하나님의 아들이시라면 그가 [참 하나님]이시며, 그리스도가 십자가의 구속을 이루시기 위하여서는 그의 속죄사역의 필연성 때문에 그는 [참 사람]이어야 했다. 그러나 초대교회 때로부터 현대의 자유주의 신학의 원조 신학자들 소위 역사적 예수 연구가들과 슐라이에르마허(Friedrich Schleiermacher), 리츨(Albrecht Ritschl) 그리고 하르낙(Adolf von Harnack) 같은 이들도 하나님의 아들로서 말씀의 본체이신 그리스도에 대하여서는 그의 신성을 온전히 부인하는 자들이다. 이들은 나사렛 예수는 하나님이 아니고 종교적 또는 도덕적으로 탁월한 성품을 가진 선지자의 한 사람 또는 복음의 인격적 실현자 등의 인격(人性)으로 묘사하는 현대판 이단적 신학시상을 가진 자들이다.[112] 따라서 오늘날도 마찬가지로 기독교 신앙에서 [그리스도의 신·인성교리]는 기독교 신앙의 가치판단에 핵심 기준인 것이다.[그리스도의 신·인성교리]가 무너지거나 잘못 이해되어지면 하나님의 구원하심에서 그리스도의 속죄사역, 즉 복음 자체가 무너지게 되고, 그렇게 되면 교회 신앙은 헛된 것이 된다. 그리스도가 없는 기독교는 십자가 없는 허울 좋은 종교에 지나지 않기 때문이다. 거기엔 하나님의 구원이 있을 수 없으며, 오직 타락한 인간의 지혜만 있을 뿐이다.

이러한 맥락에서 서사라 목사는 그의 저서 속에서 그리스도의 신·인성에 관한 표현을 "참 하나님과 참 사람"이라는 말로 고백하고 있으며, 본 에피소드 속에서도 천상에서의 첫 성탄 기념 광경에 대하여 "그리스도의 동정녀 탄생"이며, 아기예수는 처녀 마리아의 몸을 덧입고 출생한 명백한 참 사람(인성)이지만 죄는 없으신 "성

---

112) 서영곤, 「개혁주의 관점에서의 기독교의 본질에 관한 연구」, (경기용인: 웨스트민스터신학대학원대학교, 2010), pp.61-65.

령 하나님(신성)의 능력으로 잉태"한 것임을 무언으로 증언하며 고백하고 있는 것이다(서사라,「천국지옥 간증저서 제2권」, 에피소드 #8 참조).

(4) 그리스도의 동정녀 탄생: 주님은 성령의 능력을 통해서 동정녀였던 마리아에게 잉태됨으로 성육(하나님이 사람의 몸을 취하심)하였음을 가르쳐 준다(눅1:26-35; 마1:18-21).

그리스도의 성육신과 동정녀 탄생에는 신성과 인성 둘 모두가 연관되어 있다. 요한이 "예수 그리스도께서 육체로 오셨다"는 주장을 하고, 또한 이 신앙고백을 진리 여부를 판가름하는 중요한 시금석으로 삼은 것은, 거저 성경에 연관된 어느 한 구절을 단순히 인용한 것이 아니다(요일4:2-3).[113] 그가 여기서 말하고자 하는 것은 신성의 연합 속에 영원히 거하던 한 존재가 하나님과의 하나 됨을 깨뜨리지 않은 (성자 하나님으로서의 신성을 유지한) 상태에서 그분의 단번의 행위를 통해 사람이 되셨다(인성을 취하셨다)는 것이다. 사도 요한은 이 구절에서 "육체"라는 용어를 단지 사람의 신체만을 의미하는 것이 아닌 "완전한 사람(참 사람)"을 의미하는 뜻으로 사용하고 있다. 우리는 이 점을 간과하지 말아야 한다.

이러한 맥락에서, 서사라 목사는 천상의 [크리스마스 이브 파티장, 간증수기 제2권-에피소드 #8, 2013.12.24]에서 마리아가 예수님께, 주님께서 [성육신] 하실 때에 비천한 자신의 몸을 성령으로 취하여 주신 것에 대하여 무한한 감사와 영광을 고백하는 광경을

---

113) "이로써 너희가 하나님의 영을 알지니 곧 예수 그리스도께서 **육체로** 오신 것을 시인하는 영마다 하나님께 속한 것이요 예수를 시인하지 아니하는 영마다 하나님께 속한 것이 아니니 이것이 곧 적그리스도의 영이니라 오리라 한 말을 너희가 들었거니와 지금 벌써 세상에 있느니라"(요일4:2-3).

다음과 같이 기술하고 있다.

" ..... 내가 천국에 도착하자마자 '고요한 밤 거룩한 밤' 이 노래가 들리기 시작하였다. .... 나는 주님과 마리아와 함께 흰 눈 오는 중에도 구름을 타고 날았다. ....우리는 어느 성 안의 파티장으로 들어갔는데 거기는 벌써 흰 눈을 듬뿍 맞은 천국의 오케스트라 악단이 있었다. ....주님과 마리아가 거의 나란히 조금 거리를 두고 서서 파티장 중앙을 바라보고 있는데 위에서 마리아가 아기예수를 안고 있는 동상이 내가 이틀 전에 보았던 그 동상이 하늘에서 내려오는 것처럼 천천히 내려온다. 그랬더니 그 주위에 하얀 옷 입은 수많은 무리들이 한꺼번에 자리에서 일어나 박수를 치면서 환영하는 것이었다. 이 일이 천국에서 크리스마스 이브 날 일어나고 있었다. 할렐루야! 그 무리는 엄청났다. 이 광경은 참으로 대단했다.
그러자 마리아가 예수님 앞에서 꿇어앉으며 한쪽 무릎을 세우고 예수님의 손에 키스를 한다. 그리고 이렇게 말한다.
'내 주님이시여! 당신이 이 세상에 오실 때에 나 같은 계집종의 몸을 빌어서 오심을 감사하나이다.' 라고 했다. 그리고 거기 있는 수많은 무리들이 이 말을 들었다. 할렐루야!!"[114]

　위 '밑줄 친' 마리아의 이 말은 무슨 의미일까요? 이 말 속에는, "주님은 영원히 선재하신 참 하나님(신성)이시며, 이 비천한 여종은 타락한 본성을 가진 무익한 인간(인성)일 뿐이다. 주께서 이 세상에 오실 때에 성령(신성)으로 이 계집종의 몸을 취하셔서 성육신하심으로 온 인류가 구원받을 길을 얻었다"는 천하 만민의 고백과 성육신을 통하여 '참 하나님(신성)께서 참 사람(인성)을 취하심'으로 양성연합의 인격을 가지신, 그리고 우리 주 예수그리스도만이 십자가 구속사역을 온전히 이루실 수 있음에 대한 선포가 담겨 있는 것이다. 그리고 천국 잔치에 모인 흰 옷 입은 허다한 무리들(구원받은 우리들)의 이 고백과 선포(Confession and Declaration)는 "하나님의 어머니, 또는 하나님을 낳은 자(데오토코스, Theotokos)"[115]라 불리는 동정녀 마리아의 입술을 빌어 '우리의 영원한 중보자이신 성자 하나님'께 영광을 올려 드리는 첫 성탄 기념의 감사 메시지인 것이다.

2) '그리스도의 성육신, 신·인성양성, 십자가 대속' 교리에 대한 서 목사의 이해와 인식의 논증(論證)

앞에서 우리는 서사라 목사의 천상의 영적체험 "간증수기 내용에 담긴 메시지들 속에 함축된 그리스도의 성육신과 신·인성양성의 교리적 의미들"에 대하여 논의하였다. 즉 성육신의 의미와 목적(이유) 그리고 신·인성양성을 취하신 이유 및 동정녀 탄생의 필연성 등에 이르기까지 본 연구에서 다루는 교리들을 서 목사 저서(에피소드) 속에서 문자적인 해석과 알레고리적인 해석(Textual and Allegory Interpretation)을 통해 유관 교리에 대한 그의 이해와 인식을 검증하였다. 본 장에서는 성육신, 신·인성양성연합, 십자가 대속 교리들 간의 관계에 대하여 논의하고자 한다.

(1) 그리스도의 성육신 결과로서의 '십자가 대속사역'은 신·인성양성연

---

115) 데오토코스(헬:Θεοτόκος)는 예수 그리스도의 신성 즉, '예수는 사람이 된 하나님'이라는 그리스도론을 강조하기 위한 목적으로, **성모 마리아**를 통해 예수 그리스도가 인성(人性)과 함께 신성(神性)을 지닌 존재로 태어났다는 것을 의미하는 '신성 출산' 또는 '하나님을 낳은 자'를 의미하는 기독교의 용어이다. 즉, 교회에서 심각한 문제를 일으켰던 초기 기독교 영지주의의 가현설과 네스토리우스학파의 주장을 신학적으로 대응하기 위해서 예수 그리스도가 몸을 입은 인간이었으며, 동시에 신성을 지닌 하나님이라는 존재를 강조하는 기독론 교리 용어이다. 동방교회에서는 이를 마리아는 삼위일체 하나님인 성자 예수를 낳은 곧 '하나님인 예수의 어머니'가 된다는 뜻의 교리로 말한다(루터, 쯔빙글리, 칼 바르트 등은 이를 수용하나, 칼빈은 데오토코스 보다 **크리스토코스**(그리스도의 어머니)라는 용어를 수용한다).

합 교리로 완성된다.

서사라 목사는 그리스도의 탄생, 즉 그의 성육신하심은 우리를 위해 죽어 주시기 위한 것이라고 자신이 설교(선포)했기에 주님께서 그것을 다시 한 번 천국에서 재현시켜 주셨다고 고백한다(천국과 지옥 간증수기 제2권-에피소드 #07).[116] 그리고 그는 [간증저서 제2권]의 끝 무렵 "에피소드 #75"(제목: 천국에서 십자가에 달리신 예수님을 보다)에서 다음과 같이 주님의 십자가 대속사역에 대하여 고백하였다.

> " .... 단단하고 길이가 긴 가시관에 찔려 피가 엉긴 채 극심한 고통으로 십자가에 죽으신 예수님의 모습을 보면서 나는 나의 영이 실제 같은 괴로움으로 한참을 신음하였다.
> 그러자 곧 내 눈에 주님이 고통스럽게 달려 있는 십자가가 사라지고 부활하신 주님이 하얀 옷을 입고 나타 나셨다. 휴~ 얼마나 감사했는 지 .... 주여!
> 나는 부활하신 주님의 모습을 보고 너무 기뻐하였다. ....."

서사라 목사가 위 간증 속에서 말하고자 하는 것은 그리스도의 성육신의 목적이 우리를 위하여 십자가에 죽으시고 또한 우리에게 영원생명을 주시기 위해 부활한 것임을 묵시(默示)하고자 하는 것이다. 이를 위하여 주님께서 성육신을 통해 신성이신 참 하나님 (Truly God)이 성령의 능력으로 인성이신 죄 없으신 참 사람의 몸을 취하시는 것이 필연적인 것임을 서 목사는 인지하고 있는 것이다.

서 목사의 고백 속의 내용을 "그리스도의 성육신과 신·인성 양성연합 그리고 십자가 대속사역의 세 교리적 관계" 속에서 그의 이

---

116) 서사라, 「천국지옥 간증저서 제2권」, p.43.

해를 정리하면, 그리스도의 '십자가 대속의 죽음'을 유효하게 치르기 위하여 <u>주님은 참 사람(Truly Man)[117]</u>의 인성을 취하셨으며, 그리스도와 함께 십자가에서 죽은 죄인의 죄와 하나님의 진노를 면하고 화평하게 하는 '부활의 생명'을 주기 위하여 <u>주님은 참 하나님(Truly Man)[118]</u>의 신성을 유지한 채로 그의 초월적 신분은 변하지 않으시고, 육체와 연합되어 있어도 신성은 육체와 함께 혼합되거나 혼동되거나(Inconfusedly) 변화(Unchangeably)나 분열(Undivisibly)이나 분리(Inseparably)됨 없이 위격적으로 연합되어 존재하시는 것으로 인식하고 있다는 것이다.[119]

(2) 구원론의 문제에서 그리스도의 신성과 인성의 중요성은 절대적인 문제이다. 성육신의 이유이자 신성과 인성의 결합방법인 신·인성 양성 연합인격 교리는 구원을 이루는 핵심이다.

구원을 이루기 위하여서는 참 하나님(Divinity)과 참 사람(Humanity)이 위격적으로 연합(Hypostatic union: the union of Humanity and Divinity)된 존재여야 한다. 만일 예수의 인성

---

117) 여기서 중보자 그리스도께서 **인성, 즉 참 사람(Truly Man)**을 취하심은 인간의 죄를 중보 할 수 있는 자는 반드시 사람이면서도 죄는 없는 자라야 가치 있고 효험 있는 제물이 되는 것임을 의미하는 것이기도 하다. 그렇지 않으면 인간의 죄를 위한 속죄사역과 죽음을 대신하여 하나님께 대한 **죄 값(유효적인 속전으로 죄 값을 치르는 것**, Effective Ransom, Money for the Redemption)을 치를 수 있는 존재가 될 수 없는 것이다.

118) **또한** 만일 그리스도가 하나님이 아니라면 인간의 구원은 그 어떤 것으로도 성립될 수 없다. 죄인들의 구원을 이루기 위해서는 신적인 능력이 아니면 수행되어질 수 없는 것이다. 무엇보다 **죄인들의 구원의 문제는 진리와 공의의 문제요, 능력의 문제이므로 이것을 감당할 수 있는 존재는 그 어떤 피조물(被造物)로는 감당 할 수 없는 것이다.** 오직 그 모든 것의 절대적 원인이 되시는 하나님 자신 만이 할 수 있는 일들이다. **죄인들의 구속이 성경의 진리대로 공의롭게 영원히 단번이 이루어지기 위하여 그는 반드시 [참 하나님]이셔야 한다.** 이러한 중보자라야 죄인들의 구원 속전의 요건에 합당한 것이다

119) 이는 서 목사가 비록 말로서 또는 텍스트적으로 표현하거나 기록한 것은 아니지만 간증저서의 구조나 에피소드 속에 있는 메시지들을 알레고리적으로 필자가 그 의미를 해석함으로써 알게 된 것임을 밝혀 둔다.

만을 놓고서 또는 예수의 신성만을 놓고서 그를 그리스도라 할 수 있는가? 참 사람과 참 하나님의 두 성품이 만일 한 위격(인격)으로 연합되어 있지 않다면 그런 존재는 두 인격 소유의 존재로서 죄와 부패와 타락과 죽음과 멸망아래 있는 인간을 구원할 수 없는 것이다. 인간의 구원이 진리의 말씀대로 이루어지려면 참 하나님으로서의 신성과 참 사람으로서의 인성이 한 위격으로 연합된 존재여야 한다.

이렇게 한 위격 안에서 참 하나님과 참 사람으로서 양성이 연합되어진 인격적 존재(United in one Personality)가 곧 [성육신 하신 그리스도]이시다. 그러므로 하나님과 죄인 사이의 중보자는 오직 한분 예수 그리스도 외에는 없는 것이다(행4:12). 이와 같은 신·인성 양성연합 교리 안에서 이해되어지는 그리스도야 말로 '구속의 중보자'로서 합당한 것이다. 따라서 그리스도 사역의 주체는 신성도 인성도 아닌 [양성연합의 단일인격], 주 예수 그리스도인 것이다. 이런 점에서 서사라 목사는 참 하나님과 참 사람이신 예수 그리스도로 철저히 고백하는 주의 종이다.

(3) 그리스도의 성육신 목적과 결과로서의 '십자가 대속사역'의 관계: 그리스도의 속죄사역의 필연성으로 말미암는 '성육신'과 '신·인성 양성연합'의 세 교리는 분리된 것이 아닌 하나이다.

본 연구자는 서 목사의 간증수기 제2권에 적용되어 있는 성육신(동정녀 탄생, 선재성), 신·인성양성연합 그리고 십자가 대속의 에피소드 내용을 분석하고 각 교리들 간의 관계성을 정리한 결과, 그리스도의 '성육신 목적'과 '신·인성 양성연합의 인격' 그리고 십자가 '대속사역'의 세 교리는 결코 독립되거나 분리될 수 없는 태생적으로 하나의 견고한 연결고리로 결속되어 있는 교리라는 것을 발견하게 되었다. 즉 성육신은 신·인성 양성연합의 인격을 이루는 것(= 신인 양성은 성육신의 결과 됨)이 핵심이며, 신·인성 양성연합은 신성과 인성의 결합을 이루기 위한 최적의 방법으로서 성육신의 궁극적 목적인 "십자가 구속"을 온전하게 이루기 위한 방편이라는 결론에 이르게 된다(본 논문의 끝 부분의 [그림#1]을 참조).

C. "그리스도의 성육신, 동정녀 탄생, 신·인성양성연합" 교리에 대한 서 목사의 이해와 인식에 동의(同意)하는 4가지 이유?

1) 서 목사는 천상에서 본 아기예수 탄생(성육신) 에피소드를 체험하면서, 그리스도의 성육신, 그리스도의 신성과 인성 그리고 양성연합인격이 왜 그리스도의 십자가 대속사역에 필수적인 것인지에 대한 바른 신학적 교훈과 체험적 인식이 예수님의 설정된 상황 속에서 이루어진 것으로 이해하였다. 그리고 천상의 이 '성육신 에피소드 경험에 대한 결론'으로서 "우리를 위하여 아기예수로 오신 주님을 찬양합니다! 그리고 우리를 위하여 죽으시고 부활하셔서 이제는 천국에서 우리를 기다리고 계심을 감사합니다."라고 고백하였다.

서 목사의 이러한 주님에 대한 '찬양과 감사의 읊조림' 속에 담긴 의미는, 주님의 십자가 고난과 죽음(Crushfied and Dead)은 죄를 제외하고는 우리와 동일한 인성을 입으신 그 몸으로 우리의 고초(苦楚)를 친히 감당하심으로 화목제물로 드려지셨고, 주님의 부활(Resurrection)은 그가 근본 생명의 본체(신성) 이셨기에 그리스도의 부활의 생명을 우리에게 전가(轉嫁)해 주시려고 주님을 부활의 첫 열매로 일으켜 주신 것임을 신앙고백하고 있는 것이다.

특히 서 목사에게 있어서는, 주님의 십자가 속죄사역의 과정에서 "무한한 가치의 제사[120], 율법의 완전한 순종[121], 하나님의 진노에 부응한 대처[122] 그리고 구속의 효과를 적용하기 위하여"라는 정통적 그리스도의 양성연합단일인격 교리의 필연성[123]을 재인식하는 계기가 된 것으로 서 목사에게서 확인되기 때문이다([그림#1] 참조).

2) 본 연구의 원천 자료인 서 목사의 간증수기 [제2권] 에피소드들의 구조적 배치를 보면, 제2권의 도입부, 에피소드 #7에서 "천국에서 마리아와 아기예수 그리고 요셉의 동상을 봄"을 통하여 성육신 교리와 신·인성양성연합 교리를, 에피소드 #8에서 "천국에서의 크리스마스 기념"을 통하여 동정녀 탄생 교리를 그리고 종반부, 에피소드 #75에서 "천국에서 십자가에 달리신 예수님을 봄"을 통하

---

120) **무한한 가치의 제사와 율법의 완전한 순종을 위하여:** 그리스도가 무한한 가치의 제사, 다시 말해서 영원한 속죄(Atonement)의 효력을 가지는 제사를 단번에 드리기 위하여, 또 모든 피택자들의 모든 죄를 사(赦)하는 온전한 제사를 드리기 위하여 그는 참 하나님(신성)이셔야만 했다. 또한 하나님의 율법에 완전한 순종을 이루기 위하여서도 역시 하나님이셔야 했다. 왜냐하면 죄인된 인간은 이런 제사와 순종을 드릴 수 없기 때문이다. 죄 없는 참 인간으로서의 제물이 되셔야 했기 때문이다(성육신).

121) **하나님의 진노에 대처하기 위하여:** 인간이 범죄 함으로 말미암아 생긴 하나님의 진노는 인간의 어떤 행위와 보상으로도 무마시킬 수가 없는 것이다. 모든 하나님의 백성들을 이 하나님의 진노로부터 해방시키기 위하여 **중보자(仲保者)이신 그리스도는 참 사람과 참 하나님이셔야 했다.** 그가 십자가에서 하나님의 진노에 대면하여 **"나의 하나님 나의 하나님 어찌하여 나를 버리셨나이까"(마27:46)** 라고 부르짖음은 그리스도가 참 하나님이시었기 때문에 하나님의 진노를 가라앉히는 무한한 가치를 발휘한 것이다.

122) **구속(救贖)의 효과를 적용하기 위하여:** 그리스도께서는 십자가에서 구속을 완성하시고 부활 승천하시어 보혜사 성령을 보내심으로 그가 완성하신 구속의 효과를 각 개인에게 적용하신다. 만일 그가 부활 승천하지 못하셨다면, 보혜사 성령도 오시지 아니하셨을 것이며(요16:7). 보혜사 성령이 오시지 아니하였다면, 구원의 적용도 없을 것이다. 따라서 그가 사망의 권세를 이기고 부활 승천하여 보혜사 성령을 보내시기 위하여서는 하나님(신성)이셔야 했다.

123) 왜 그리스도의 구속사역에 그리스도의 성육신, 즉 신성과 인성이 연합된 한 인격(또는 위격)이 필요함(을 깊이 이해하고 각인하는 기회가 됨).

여 신·인성양성연합 교리와 십자가 대속 교리를 이해하고 각 교리들 간의 필연적이고 밀착적인 관계성을 인식하도록 만드는 기승전결(起承轉結)의 완벽한 논리체계로 설정되어 있다는 것에 본 연구자는 주님의 지혜와 전능하심에 경탄할 수밖에 없다는 것과, 이러한 맥락을 교리적으로 연결되도록 에피소드를 기술한 서사라 목사의 영적 구성력(Organizing Power)에 크게 공감(Sympathy)하기 때문이다.

3) 영원하신 성삼위일체 하나님의 제2위격이신 성자 하나님께서 인간의 몸을 입으실 때, 즉 신성이 인성을 취할 때에 변화와 분리와 혼합됨 없이 양성 고유의 특성을 지닌 채로 연합적 결합을 가진 그리스도의 인격이 되셨음을 서 목사의 간증수기 [제2권] 에피소드 #8에서 "천국에서의 크리스마스 기념"을 통하여 '동정녀 탄생 교리'와 함께 '신·인성양성연합 교리'의 한 단면을 보여 주었다(47쪽). 그 때 마리아의 고백 속에는 "영원하신 참 하나님(신성)이신 주께서 나 같은 계집종의 몸(인성)을 취하셨음에도 여전히 주님은 [참 하나님과 참 인간의 한 인격]을 가지신 영존, 불변하시는 하나님이시며 우리 인간의 유일하신 중보자(Mediator)이심"을 고백한 것이다.

서사라 목사가 천상의 에피소드를 통해 기별한 이러한 메시지는 "그리스도는 본질상 하나님과 동일하고 또한 인간이 되심에 있어서 우리와 동일하다"고 하는 그리스도의 양성교리에 부합하고, 그리스도는 완전한(참) 하나님이며 아울러 완전한(참) 사람이며 두 본성은 나누어지지 않고 분리되지 않으며 변하지 않고 혼합되지 않는다"고 천명(闡明)한 칼케톤 신조(451년)에 부합되기 때문이다.

4) 마지막으로, <u>서 목사의 [간증저서 제2권]에 나타난 '그리스도의 성육신'(동정녀 탄생)과 성육신의 결과로서의 '신인양성연합'에 관한 교리적 이해와 인식은 성육신의 목적과 이유인 '그리스도의 십자가 대속사역'(고난과 죽으심 그리고 부활)을 전제하고 있음을 고백하는 것이다.</u> 다시 말하면, 이들은 각각 분리된 한 조각의 천이 아닌 통으로 잘 짜여 진 하나의 직물(織物)인 것이다. 이들은 기독교 신앙에 우연하게 삽입된 이질적인 천 조각들이 결코 아니다. 이 교리들 각각은 우리 인간에게 하나님의 은혜와 타락한 인간의 부패성과 전적 무능함으로 인한 우리의 한계성을 적나라하게 깨닫게 해 준다. 그러면서도 창조주 하나님의 구속 경륜(經綸) 전체 속의 주요한 한 부분임을 이해하게 해 주는 단서를 제공하는 주요한 교리들이기도 한 것이다. 때문에 기독교 신앙에서 이들 중 하나라도 배제(排除)하는 것은 곧 그리스도의 위격과 사명에 관한 성경적 이해라는 직물에 구멍을 하나 뚫는 결과가 되는 것이다.

이런 맥락에서, 지금까지 연구자가 서 목사의 간증저서 [제2권]에 나타난 그리스도의 성육신(동정녀 탄생), 신·인성양성연합 그리고 십자가 대속에 관한 서 목사의 교리적 이해와 인식 분석과 검증 결과를 그리스도의 위격이나 사역적 측면에서 개혁주의 정통 기독론 교리의 주장과 성경해석에 온전히 일치하고 있다고 보는 것이다.

2. 천국에서 본 '멜기세덱과 아브리함의 만남 에피소드' 속에 나타난 그리스도의 성육신(선재성)과 신·인성 교리에 대한 서사라 목사의 이해와 인식의 분석, 평가(#2)

에피소드 출처:	[간증수기 제3권, 성경편1-창세기]-[에피소드 #15], (2014.7.30)
에피소드 제목:	아브라함에게 나타난 멜기세덱이 '나야'라고 주님 말씀하신다(p.88-97).

A. [서사라 목사의 천상체험 기록 내용]: '아브라함과 멜기세덱의 만남' 에피소드 속에 나타난 **"그리스도의 선재성과 신·인성 교리"에 대한 서 목사의 이해와 인식(주장)**은 다음과 같다.

예수 그리스도에 관한 성경의 가르침에 대한 고찰을 시작할 때에 취할 수 있는 우선적이고 좋은 방법은 성경에서 발견되는 가장 놀라운 주장들 중의 하나의 말씀이나 역사적 사건에 주목하는 것일 것이다. 이러한 맥락에서 필자는 본 논문에서 수행하고자 하는 두 번째 과제인 그리스도의 성육신 교리의 하나인 '그리스도의 선재성'에 대한 서사라 목사의 신학적 이해와 인식에 대한 평가를 그의 간증저서, '천국과 지옥 간증수기' [제3권, 성경편1-창세기]에서 출발하려 한다.

서사라 목사는 자신의 간증수기 [제3권, 성경편1-창세기]에서 구약(창세기)과 신약(히브리서)에 등장하는 [멜기세덱과 아브라함의 특별한 만남 사건]에 대하여 천상에서의 체험에피소드(#15)를 다음과 같이 간증, 기록하고 있다(2014.7.30)[124].

> "천국으로 올라갔다. .... 주님과 나는 즉시 높이 비상했다. 구름 없이 ... 얼마나 날았는지 모르는데 주님과 나는 어느새 미끄러지듯이 모세가 있는 궁 안에 도착하였다. .... 모세가 있는 궁 안의 광장 뜰에 놓여 있는 테이블에 주님이 좌정하시고 나와 모세는 각각 그분의 오른편과 왼편에서 마주보고 앉았다.
> 그런 후에 흰 날개 달린 아기 천사들이 성경책을 가져와서 나와 모세 앞에다가 놓고 간다. 나는 모세에게 성경 어디를 보기 원하느냐고 물

---

124) 서사라, 『이제도 있고 … 천국과 지옥 간증수기3 …』, pp. 88-97.

없다. 그랬더니 모세는 말했다. 멜기세덱이라고...

나는 요 며칠 사이 동안 아브라함에게 나타난 멜기세덱에 대하여 참으로 궁금하였는데 다행히 내 마음을 알고서는 그곳으로 가지고 하였다. 나는 속으로 할렐루야 하였다.

[창14:17-20]¹²⁵⁾ (17)아브람이 그돌라오멜(Chedorlaomer)과 그와 함께 한 왕들을 쳐부수고 돌아올 때에 소돔 왕이 사웨 골짜기 곧 왕의 골짜기로 나와 그를 영접하였고 (18)살렘 왕 멜기세덱이 떡과 포도주를 가지고 나왔으니 그는 지극히 높으신 하나님의 제사장이었더라 (19)그가 아브람에게 축복하여 이르되 천지의 주재이시요 지극히 높으신 하나님이여 아브람에게 복을 주옵소서 (20)너희 대적을 네 손에 붙이신 지극히 높으신 하나님을 찬송할지로다 하매 아브람이 그 얻은 것에서 십분의 일을 멜기세덱에게 주었더라.

나는 마음으로 주님께 이렇게 말했다.

"주님 제게 멜리세덱에 대하여 오늘 꼭 가르쳐 주세요"라고 간절한 마음을 전달했다. 그러자 주님이 나에게 즉시 알게 하여 주시는데 그 멜기세덱이 주님이시라는 생각을 넣어 주셨다. 할렐루야! 그래서 나는 즉시 주님을 쳐다보았다. "주님, 멜기세덱이 주님 맞아요?"하고 쳐다보는데 그 말에 주님이 웃고 계셨다. 마음으로 다 통한다. 나는 다시 마음으로 물었다. "아니 주님, 멜기세덱이 주님 맞으세요?" 하고 또 물었더니, 주님은 다시 나를 보시고 환히 웃고 계셨다. 할렐루야!

그러시면서 왜 멜기세덱이 주님이신지 두 군데의 성경구절을 생각나게 하셨다. 첫 번째는 멜기세덱은 '아비도 어미도 없고 영원히 존재하는 분'이라는 다음의 성경구절이다.

[히7:3] 아비도 없고 어미도 없고 족보도 없고 시작한 날도 없고 생명의 끝도 없어 하나님 아들과 방불하여 항상 제사장으로 있느니라

그러자 주님이 나에게 이렇게 말씀하셨다.

"영원한 분은 나 하나밖에 없느니라"라고 말이다. 할렐루야! 그렇다. 영원하신 분은 실로 주님밖에 없는데 이 멜기세덱이 주님이신 것이다. 할렐루야 아멘!

또 두 번째 성경구절은 성경에서 이 멜기세덱을 보고 살렘 왕, 평강

125) 멜기세덱이 아브람에게 축복하고 아브람은 그 얻은 것(전리품)의 십분 일을 멜기세덱에게 준 성경기록

의 왕이라 했는데 사실 평강의 왕은 예수 그리스도 밖에 없음을 또 알
게 하여 주셨다.[히7:2] 아브라함이 모든 것의 십분의 일을 그에게 나
누어 주니라 그 이름을 해석하면 먼저는 의의 왕이요 그 다음은 살렘
왕이니 곧 평강의 왕이요

[사9:6] 이는 한 아기가 우리에게 났고 한 아들을 우리에게 주신 바 되
었는데 그의 어깨에는 정사를 메었고 그의 이름은 기묘자라, 모사라,
전능하신 하나님이라, 영존하시는 아버지라, 평강의 왕이라 할 것임이
라또한 주님은 나에게 아브라함에게 나타났던 멜기세덱이 자신이었
을 뿐 아니라, 마므레 상수리 수풀 근처에서 아브라함에게 나타났던
천사 세 사람 중 두 명의 천사들은 소돔으로 내려갔고 나머지 한 사람
('여호와', 22절)은 남았었는데 그 한 사람이 주님이었으며[창18:1-
33], 또한 [단3:18-26]에 기록된 다니엘의 세 친구가 풀무불에 던져
졌을 때에 그 풀무불속에서 느부갓네살 눈에 네 사람이 걸어 다니는
것이 보였는데 그 세 명 이외의 한 사람이 바로 주님이었다는 것을 알
게 하여 주셨다. 할렐루야!

성경을 보면 확실하다. … [창18:1-33, 여호와께서 마므레 상수리 수
풀 근처 아브라함에게 나타나시니라 …], 이하 생략 …

즉 이 세 사람 중 한 사람이 여호와였던 것이다. 주님은 내가 천국에
올라오면 나를 맞이하면서 여러 번 나에게 "나는 여호와니라"라고 말
씀하셨다. 할렐루야, 주여!

[단3:18-26, 다니엘의 세 친구(사드락 메삭, 아벳느고)가 풀무불 속에
있을 때 함께한 신의 아들의 정체(신분)], 이하 생략 …

즉 느부갓네살 왕이 풀무불 가운데에 아벳느고 사드락 메삭 외에 신
의 아들 같은 형상을 본 것이다. 주님이 네게 알게 하시기를 이 모두
가 예수님 이었다는 것이다. 할렐루야.

[히6:20-7:4, … 앞서 가신 예수께서 멜기세덱의 반차를 좇아 영원히
대제사장이 되어 우리를 위하여 들어 가셨느니라 … 이하 생략]

멜기세덱은 하늘에서 영원히 존재하는 제사장이신데 그분이 인간으
로 오신 분, 바로 하나님의 아들 예수 그리스도이신 것이다. 즉 그분이
그분이신 것이다. 할렐루야!

그래서 예수님이 멜기세덱의 반차를 따라 우리를 위하여 영원히 대제

사장이 되어 주셨다.
오늘 나에게 멜기세덱에 대하여 말씀하여 주신 주님을 찬양합니다."
(끝).

B. '아브라함과 멜기세덱의 만남' 에피소드(Episode) 속에 나타난 그리스도의 선재성, 신성에 대한 서사라 목사의 인식과 고백에 대한 연구자의 분석과 검증

서 목사는 천상에서 체험한 영적여정 속에서 주님의 인도에 따라 모세의 궁을 방문하여 자신이 근래에 궁금해 하는 성경 창세기의 '아브라함과 멜기세덱의 만남'의 사건 속에 나타난 멜기세덱(Melchizedek)의 근원적 존재(신분)와 본질적 인격에 대한 의문을 주님으로부터 직접 듣고서 큰 기쁨과 감사의 고백을 하고 있다("나는 속으로 할렐루야 하였다, 할렐루야 주여, 아멘!(5회), 또 알게 하여 주셨다(4회), 주님을 찬양합니다." 등).

'하나님의 제사장 멜기세덱은 전장에서 돌아오는 아브라함을 영접하고 그를 축복하매 아브라함은 그의 전리품의 십분의 일을 아브라함에게 드린다'는 서사라 목사가 인용한 성경 본문의 내용이 단순한 것으로 보일지 모르지만 서 목사가 본 에피소드를 통해 간절하게 이해하기를 원했던 것은 멜기세덱에 대한 역사적 정체성과 신원(身元), 즉 그가 구약시대에 역사하신 주님의 그림자 또는 표상(表象)인지에 대한 궁금증을 확증해 주는 다소 복잡하고 무거운 내용인 것이다. 다시 말하면 서 목사는 오늘 멜기세덱이 주 "예수 그리스도의 선재성(Pre-existence)"을 증거 해 주는 단서임을 당사자인 주님으로부터 확인하고자 하는 것이다. 주님의 역사적 선재성에 대하여는 여러 성경말씀[126)]에서도 증언과 암시는 하고 있어도 그 실존을 명쾌히 증거하고 있지 않기 때문이다. 그래서 히브리서 기자도 [히5:11]에서 "멜기세덱에 관하여는 우리가 할 말이 많으나 너희의 듣는 것이 둔하므로 해석하기 어려우니라"하고 하던 말을 줄인다고 기록해 놓은 것이다(물론 나중에 [히6:20-7:10]에서 계속하여 말씀하고 있지만 말이다).

서 목사는 우리 인간의 듣는 것이 둔하지만, "주님 제게 멜기세덱에 대하여 오늘 꼭 가르쳐 주세요"라고 간절한 마음을 전했다. 그러자 주님이 즉시 알게 해 주시는데 '그 멜기세덱이 바로 주님 자신'이라는 생각을 넣어 주셨다고 한다. "주님, 멜기세덱이 주님 맞아요?" 다시 확인하여 "아니 주님, 멜기세덱이 주님이 맞으세요?" 하고 또 물었더니 주님은 다시 환히 웃으시면서 왜 멜기세덱이 주님 자신이신지에 대하여 두 군데의 (신약) 성경구절을 생각나게 하

---

126) [주님 선재성 증거 말씀: 요1:1-3; 요8:56-58; 마23:37; 요5:39; 눅24:27; 욜2:32; 롬10:13 ;요8:24-25]1. 예수님은 창조주이시다: [요1:1-3] 태초에 말씀이 계시니라 이 말씀이 하나님과 함께 계셨으니 이 말씀은 곧 하나님이시니라 그가 태초에 하나님과 함께 계셨고 만물이 그로 말미암아 지은 바 되었으니 지은 것이 하나도 그가 없이는 된 것이 없느니라 [요1:14절 참조]2. 아브라함은 예수님을 보고 기뻐하였다: [요8:56-58] 너희 조상 아브라함은 나의 때 볼 것을 즐거워하다가 보고 기뻐하였느니라 유대인들이 이르되 네가 아직 오십 세도 못되었는데 아브라함을 보았느냐 예수께서 이르시되 진실로 진실로 너희에게 이르노니 아브라함이 나기 전부터 내가 있느니라 하시니 3. 구약의 선지자들을 보내신 분은 예수님이시다: [마23:37] 예루살렘아 예루살렘아 선지자들을 죽이고 네게 파송된 자들을 돌로 치는 자여 암탉이 그 새끼를 날개 아래에 모음 같이 내가 네 자녀를 모으려 한 일이 몇 번이더냐 그러나 너희가 원하지 아니하였도다 4. 구약성경은 예수님에 관한 증언이다: [요5:39] 너희가 성경에서 영생을 얻는 줄 생각하고 성경을 연구하거니와 이 성경이 곧 내게 대하여 증언하는 것이니라 [눅24:27] 이에 모세와 모든 선지자의 글로 시작하여 모든 성경에 쓴 바 자기에 관한 것을 자세히 설명하시니라5. 여호와, 즉 예수님을 믿는 자들이 구원을 받는다: [욜2:32] 누구든지 여호와의 이름을 부르는 자는 구원을 얻으리니 이는 나 여호와의 말대로 시온 산과 예루살렘에서 피할 자가 있을 것임이요 남은 자 중에 나 여호와의 부름을 받을 자가 있을 것임이니라 [롬10:13] 누구든지 주의 이름을 부르는 자는 구원을 받으리라 6. 예수님은 구약성경의 여호와 하나님이시다: [요8:24-25] 그러므로 내가 너희에게 말하기를 너희가 너희 죄 가운데서 죽으리라 하였노라 너희가 만일 내가 (그)인 줄 믿지 아니하면 너희 죄 가운데서 죽으리라 그들이 말하되 네가 누구냐 예수께서 이르시되 나는 처음부터 너희에게 말하여 온 자니라

셨다고 기술한다.

서 목사는 앞 [히7:3]에 기술한 멜기세덱의 신원(身元)에 대하여, "멜기세덱은 그 부모도, 족보도, 출생과 죽은 날도 알 수 없는 신원미상(身元未詳)의, 마치 (하늘에서 내려온) 하나님의 아들 같은 존재로서 평생(영원)토록 제사장으로 있는 자"라는 말씀에 기반하여 "멜기세덱은 사람이 아니라 신성을 가진 영원한 신적 존재로서, 창세 이후 천상과 지상에 선재하는 영적 존재"로 이해하는 것이다. 왜냐하면 [히7:3] 말씀 내용에는 사람에게 적용될만한 것이 하나도 없기 때문이다.

또 다른 인용 성구인 [히7:2] 말씀에서, "아브라함은 그에게 온전한 십분의 일을 드렸고 멜기세덱의 이름을 변역한즉 의의 왕이요 또 살렘 왕이니 곧 평강의 왕이라"는 내용으로부터, 서 목사는 "멜기세덱을 아브라함으로부터 십일조를 받는 지극히 높은 하나님의 제사장이며 공의와 평강의 왕으로 이 세상에 성육신(선재)하신 분은 바로 예수 그리스도이심"으로 이해한 것이다. [히7:2]과 함께 인용된 [사9:6]이 암시하는 것은 멜시세덱은 "신적 존재로서 인성(몸)을 가진 제사장과 왕 같은 사람"으로 인식하고 있는 것이다.

주님이 가르쳐 준, 즉 "왜 멜기세덱이 주님 자신인지를 증거"하기 위해 주님이 주신 성경 구절(히7:2-3) 그리고 서 목사 스스로 인용한 말씀(사9:6)에 기반 하여, 서 목사는 멜기세덱의 신분에 대하여 주님이 "멜기세덱이 나"라고 하신 말씀을 확증한다. 그리고 서 목사는 자신의 확증을 스스로 말씀에 비추어 검증하였다.

그 결과, [창18:1-33]의 아브라함에게 나타난 세 사람 모양의 천사와 [단3:18-26]의 풀무불 속의 다니엘 세 친구와 함께한 신의 아들 같은 형상에 관해 기록된 성경 역사적 사건으로부터, 세 천사 중의 여호와도, 신의 아들 같은 형상의 존재도 그리고 멜기세덱 등, 결국 이 모두가 주 예수 그리스도이시라는 것을 깨닫고 서 목사는 환호하며 찬송하였다.

"멜기세덱은 하늘에서 영원히 존재하는 제사장이신데 그 분이 인간으로 오신 분, 바로 하나님의 아들 예수 그리스도이신 것"이라 고 말한 서사라 목사는 성경 창세기 속, 역사적 인물인 멜기세덱을 성육신 이전의 역사 가운데 선재하신 성자 하나님, 곧 예수 그리스 도로 인식하고 고백함은 성경의 증거에 부합한 것으로 볼 수 있다.

또한 본 연구자는, 서사라 목사가 시공을 초월하는 영원성과 편 재성을 가지신 성삼위일체 하나님의 제2위격이신 성자 하나님의 신성으로서 인성을 취하신 그리스도의 성육신과 신인성연합 인격 에 대하여 올바른 이해와 인식을 갖고 있다고 분석한다.

C. "그리스도의 선재성과 신성"에 대한 서 목사의 이해와 인식에 동의하 는 7가지 이유?

서사라 목사의 성경 〈창세기〉에 기록된 [멜기세덱의 신분에 관 련된 간증 내용]에 대하여 앞에서 기술한 필자의 분석을 중심으로 "그리스도의 선재성과 신성"에 대한 서 목사의 신학적 이해와 인식 을 논증하고자한다. "멜기세덱은 누구인가?", 곧 역사적 예수 그리 스도는 [유대 베들레헴의 성육신 이전, 구약시대에 선재하신 주님 이신가? 멜기세덱은 예표된 그리스도의 모형인가?]라는 질문에 대 하여 서 목사의 이해와 인식을 지지(支持)하는 7가지 이유를 다음 과 같이 하나님의 말씀에 근거하여 정리한다.

1) 멜기세덱과 <u>그리스도의 동질성</u> 주장의 증거: 이름/직분(의의 왕, 평강의 왕, 샬렘의 왕)

이름이 '의(義)의 왕', '평강의 왕'이라는 뜻을 가진 멜기세덱[127]은 살렘(예루살렘)의 왕이었으며, 지극히 높으신 하나님의 제사장(창14:18-20; 시편110:4; 히5:6-11, 6:20-7:28)이었다. 그가 가진 예사롭지 않은 그리고 아무나 가질 수 없는 이 신적인 이름과 직분은 정확하게 그리스도의 그것과 동일하다. 그 이름과 직분은 그리스도에게만 주어진 것이다. 창세기에서 멜기세덱의 갑작스러운 출현과 퇴장 또한 신비스럽기도 하며 여러 의문점을 남기고 있다. 또한 창세기나 히브리서에서도 그의 신분에 대하여 암시만 하고 침묵하고 있기 때문이다.

2) 멜기세덱이 <u>그리스도의 반열임을 증거</u>: 지극히 높으신 하나님의 이름으로 축복함, 십일조를 받음 등

아브라함은 그돌라오멜(Chedorlaomer)과 그와 동맹한 세 왕을 패배시켜 승전한 후 돌아올 때 그를 환영 나온 (왕이요 제사장인) 멜기세덱을 초면으로 만났다. 멜기세덱은 아브라함과 그의 지친 종들에게 [빵과 포도주]로 환대하였다. 그는 엘 엘론(El Elyon, 지극히 높으신 하나님)의 이름으로 아브라함을 축복하였고, 전쟁의

---

127) 멜기세덱에 관해 언급하고 있는 자료들로써는 성경(intra canon)과 성경 밖(extra canon)의 자료들로 나눌 수 있다. 성경 내에서는 구약의 창세기14장 18-20절, 시편110편 4절, 그리고 신약의 히브리서 경우이고, 성경 밖에서는 필로(Philo), 요세푸스(Josephus), 쿰란의 두 문서(The Genesis Apocryphon과 11Q Melchizedek), 랍비문서들(녀·모, Song of Songs), 영지주의 문서들(The Pistis Sophia, The Second Book of Ie), 속사도 교부들(Justin Martyr, Tertullian, Epiphanius, Clement of Alexandria, Cyprian, Chrysostom, Jerome, Augustin, Theodoret) 등이 있다. 이 자료들은 그러나, 거의가 단편적이고 그 해독이 주관적이어서 초대교회로부터 지금까지 멜기세덱의 신분을 두고(천사적인 존재인지, 단순한 인간인지) 많은 논쟁이 있어 왔다.

승리를 주신 하나님을 찬양했다(창14:18-20). 이에 아브라함은 멜기세덱에게 그가 전장에서 취한 모든 것의 십분의 일을 드렸다. 이 행동으로 아브라함은 멜기세덱을 자신보다 영적으로 더 높은 지위(신적 반열)에 있는 제사장으로 인정하였음을 볼 수 있다.

3) 멜기세덱과 그리스도의 '모형과 원형'됨 증거: 영원한 제사장 직분(우월한 제사장 반열)

다윗이 쓴 '메시야 예언시'인 [시110편][128]을 보면, 멜기세덱은 그리스도의 모형(110:4)[129]으로 제시된다. 이 주제는 히브리서에서도 반복되는데, 히브리서는 멜기세덱과 그리스도를 의와 평화의 왕으로 고백한다. 멜기세덱과 그의 독특한 제사장직을 모형으로 제시하면서, 히브리서 기자는 그리스도의 새로운 제사장직이 과거의 레위 반열 및 아론의 제사장직보다 더 우월함을 증거로 보여준다(히 7:1-10).

4) 멜기세덱은 그리스도의 실제적 성육신과 구속사역의 선재적 증거: 멜기세덱이 나누어 준 '떡과 포도주'는 '그리스도의 성육신의 목적과 대속사역'을 예표(豫表)함

어떤 사람들은 멜기세덱이 실제로 (베들레헴에서의) 하나님 아들의 성육신 이전의 그리스도로서 선재적으로 나타나심 또는 현현한 것이었다고 생각한다. 아브라함도 본 사건 이전에 세 천사의 모습으로 나타난 여호와 또는 주 하나님(엘 샤다이, El Shaddai)의

---

128) [마22:43-44]에 다음과 같이 인용되어 있다. "가라사대 그러면 다윗이 성령에 감동하여 어찌 그리스도를 주라 칭하여 말하되 주께서 내 주께 이르시되 내가 네 원수를 네 발 아래 둘 때까지 내 우편에 앉았으라 하셨도다 하였느냐"
129) [시110:4] "여호와는 맹세하고 변치 아니하시리라 이르시기를 너는 멜기세덱의 반차를 좇아 영원한 제사장이라 하셨도다"

사람들 방문을 받았음(창18:1-31)을 고려하면 타당한 논리로 보인다.

서사라 목사도 천상에서 나눈 멜기세덱과 관련된 주님과의 대화가 바로 그리스도의 성육신을 통한 대속사역의 성취를 예표로 이해하고 인식하면서 "멜기세덱(=주님)은 하늘에서 영원히 존재하는 제사장(신성)이신데 그분이 멜기세덱의 반차를 따라 인간으로 오셔서 (성육신, 신·인성연합인격) 우리를 위하여 영원한 (중보자와) 대제사장이 되어 주셨다"고 고백하는 것이다(서사라,『천국과 지옥 간증수기3』, 97쪽).

또한 [창14:18]에 "살렘왕 멜기세덱이 떡과 포도주를 가지고 나왔으니 그는 지극히 높으신 하나님의 제사장이었더라"고 기술한 내용은, 그리스도의 성육신의 궁극적 목적인 십자가 대속사역을 예표 또는 표상한다고 볼 수 있다. 물론 주님의 마지막 만찬과 오늘날 교회의 성찬예식에서 사용되는 주님의 살과 피를 상징하는 떡과 포도주에 관련된 것이기에 멜기세덱은 선재한 그리스도이시며 또 그의 대속사역을 예표한다는 생각을 더욱 확고히 하게 되는 것이다.

5) 멜기세덱과 그리스도가 사실상 동일한 분임을 주장할 수 있는 단서: [시110:4, 히6:20]

[히브리서 6장 20절]은 "예수께서 멜기세덱의 반차를 따라 영원히 대제사장이 되셨다" 라고 증언한다. 여기서 "반차"라는 용어는 일반적으로 제사장 직을 맡는 제사장들의 계승을 나타낸다. 하지만 [멜기세덱]에서부터 [그리스도]까지의 긴 기간 동안에는 성경에 다른 아무런 반차가 언급되지 않았다. 이것은 멜기세덱과 그리스도

가 사실상 동일한 분임을 주장할 수 있는 단서를 제공한다고 볼 수 있다. 따라서 이 "반차"는 그리스도 안에서 그분에게만 영원히 주어진 반차인 것이다. 즉 "여호와는 맹세하고 변치 아니하시리라 이르시기를 너는 멜기세덱의 반차를 좇아 영원한 제사장이라 하셨도다." [시110:4]의 이 말씀은 멜기세덱과 그리스도가 동일한 반차(班次, Order)[130]로서의 왕과 제사장을 겸한 영원한 통치자 됨을 반증하는 것으로 볼 수 있다.

6) [히7:3]의 말씀이 사실(Fact)에 기반 하여 고백한 것이라면: 멜기세덱은 "구약역사 가운데 영적선재하신 성자 하나님, 곧 예수 그리스도의 현현"인 것이기 때문이다.

[히7:3]에서 멜기세덱에 대하여 "아버지도 없고 어머니도 없고 족보도 없고 시작한 날도 없고 생명의 끝도 없어 하나님의 아들과 닮아서 항상 제사장으로 있느니라"고 선포한다. 여기서 질문은, 히브리서 기자가 이런 고백을 할 때 "사실(Fact)을 말한 것인가?" 아니면 "비유적(Analogy & Comparison)으로 말한 것인가?" 하는 것이다. 이 성구의 사실적 표현을 한마디의 신학용어로 말하면 "그리스도의 신성(Diety of Christ)에 대하여 정의(Definition)를 기술한 것이다"라고 필자는 보는 것이다. 다시 말하면 멜기세덱은 지상의 사람이라기보다 '천상의 고귀한 신적 존재'라는 것을 강조하는 완곡(婉曲)한 표현인 것이다.

히브리서의 이 묘사가 문자적 사실 그대로라면, 이 성경구절을 주 예수 그리스도 외에 다른 누구에게 어떻게 적용될 수 있을지 이

---

130) 반차(班次)의 동의어는 계열(系列) 또는 반열(班列)이다. 그 의미는 품계나 신분, 등급의 차례(서열)를 뜻한다.

해하기가 어려워 질 것이다. 이 땅의 왕 중에 "영원히 제사장으로 남아 있는" 왕이 없으며, 또한 "아버지나 어머니가 없는" 사람도 없기 때문이다.

이런 맥락에서, 만일 [창14:17-20, 아브람함을 만난 멜기세덱]을 삼위일체 하나님의 현현을 묘사한 것이라면, "선재(先在)하신 성자 하나님, 곧 예수 그리스도"가 의의 왕(계19:11, 16)과 평화의 왕(사9:6) 그리고 하나님과 사람 사이의 중보자(딤전2:5)[131]로서 (성육신 이전에 역사 가운데 영적 선재하신 신성으로) 나타나셔서 아브라함에게 축복하셨던 것으로 보아야 할 것이다. 이러할 때, "아브라함이 나기 전부터 내가 있느니라"(요8:28)는 말씀, "아브라함에게 나타난 사람 모습의 세 천사"(창18:1-31) 에피소드, "다니엘의 세 친구가 풀무불 속에 있을 때 함께한 신의 아들의 정체"(단3:18-26)에 관한 말씀 그리고 "…그가 만물보다 먼저 계시고 만물이 그 안에 함께 섰느니라"(골1:17b)는 말씀이 "주 예수 그리스도는 베들레헴에서 탄생하시기 이전에 이미 존재(선재)하고 계셨다" 라는 증거와 함께 땅 끝까지 선포되어 지는 것이다. 그래서 주님은 "이제도 있고 전에도 있었고 장차 올 자 예수 그리스도"인 것이다.

7) [히7:3]의 말씀이 비유적인(Analogy) 것으로 말한 것이라면: 멜기세덱)의 신비한 신적 본성, 곧 그의 신성을 강조하여 '멜기세덱과 그리스도를 더 분명하게 연결시키고자 하는 성경 저자의 의도가 있음'이 사료(思料)되기 때문이다.

또한 멜기세덱의 묘사가 비유적인 것이라면, '계보도 없고 시작

---

131) "하나님은 한 분이시요 또 하나님과 사람 사이에 중보자도 한 분이시니 곧 사람이신 그리스도 예수라" (딤전2:5)

도 끝도 없는 영원한 제사장 사역'이라는 상세한 표현은 <u>아브라함</u> <u>이 만난 사람(멜기세덱)의 신비한 신적 본성, 곧 그의 신성을 강조</u> <u>하고자 함</u>이라고 보는 것이다. 이 경우, 이와 관련한 상세한 내용에 대한 창세기의 침묵(沈默)도 의도적으로 '<u>멜기세덱과 그리스도를</u> <u>더 분명하게 연결시키고자 하는 것</u>'으로 사료 된다. 다시 말하면, 성경 역사상 지상에 실존했던 사람(人性), '멜기세덱'은 하나님의 아 들이라 일컬어질 정도의 신령함(가히 선재한 그리스도의 모형이라 할 신성)을 가진 존재로서, 장차 '성육신'으로 신·인성양성을 취하 시고 자기 백성을 구원하려 이 땅에 오실 '주 예수 그리스도를 예표 하는 모형(模型) 됨'을 증언하는 것이다.

이런 맥락에서, 다윗의 메시아 예언시, [시110:4] "여호와는 맹 세하고 변치 아니하시리라 이르시기를 너는 멜기세덱의 반차를 좇 아 영원한 제사장이라 하셨도다." 라는 말씀이 세상 가운데 성취되 어지는 것이다.이제 위에서 필자가 분석하고 논의한 주요 쟁점을 기반으로 서사라 목사의 그리스도의 선재성과 신성에 관한 이해와 인식을 최종 정리하고자 한다.

D. 서사라 목사의 "그리스도의 선재성과 신성"에 대한 이해와 인식 정리 및 결론

유대교 전통에 따르면 멜기세덱에 대한 여러 견해가 있다. 사마 리아 사람들은 멜기세덱을 노아의 아들인 셈으로 부른다. 유대 신 비주의 전통에서는 멜기세덱은 천사장 미카엘(Saint Michael)이었다. 유대교 신학자 필로(Philo of Alexandraia)[132]는 멜기세덱을 로고스의 현현체(顯現體)로 보았으며, 그를 하나님의 제사장이라고 하였다.

역사가 플라비우스 요세푸스(Flavius Jesephus, A.D 37-100)는 멜기세덱을 예루살렘의 토대를 놓고 아브라함의 승전(勝戰) 이후(창14장) 그와 우호 관계를 맺은 가나안의 지도자로 보았다. 한편 신약교회의 초기 지도자, 교부, 신학자인 오리게네스(Origenes, 185-254)는 멜기세덱을 천사로 보았고, 오리게네스의 제자 히에라카스는 성령의 성육신으로 보는 등 다양한 해석을 내어 놓았다.

1) 멜기세덱과 주님의 관계는 모상과 원형: 앞의 논의에서 보았듯이 히브리서 기자가 해석한 멜기세덱은, "그는 아버지도 없고 어머니도 없고 족보도 없으며 생애의 시작도 없고 생명의 마지막도 없는 하나님의 아들과 같으며, 영원히 제사장으로 머물러 있다"(히 7:3). 즉 멜기세덱은 "영원한 제사장으로서 하나님의 아들과 같다"는 해석을 하는 것으로 볼 수 있다. 다시 말하면 멜기세덱에게 부모나 족보가 없고 탄생이나 죽음이 없다는 것은, 그가 땅에서 태어난 "지상적 존재"가 아니며 "천상의 신적 존재"임을 말해주는 것이다. 멜기세덱은 영원한 제사장으로 성경 역사 속에서 현존하며(3절), 높이 들리신 그리스도는 영원한 제사장으로 하늘과 땅에서 현존하신다(24절).그렇다면 히브리서에서 소개하는 멜기세덱은 하나님 아들의 모상(그림자)인 것이다. 곧 하나님의 아들 예수 그리스도

---

132) **필로**는 헬라주의적 유대교의 대표적 인물로 여겨지지만, 그의 생애에 대해서는 별로 알려진 바가 없다. 그는 부유한 제사장 가문 출신으로 헬라식 교육과 유대식 교육을 모두 받은 엘리트였고, 주후 39-40년에 알렉산드리아 유대인 공동체의 대표단을 이끌고 로마의 가이우스 칼리굴라 황제를 방문하였으며, 예루살렘 성전을 순례했다는 것 정도이다. 그의 저작물은 헬라철학과 문학에 상당한 지식을 소유했지만 유대교에 매우 충실하였고, 오경해석에 특별한 관심을 갖고 있었다는 것을 보여준다.

는 멜기세덱의 원형이 되는 것이다.

2) 멜기세덱과 주님(예수님)은 같은 사람인가? 주님 자신인 사람일 수도 있고, 아닐 수도 있다: 그러나 멜기세덱을 최소한 주님의 사역을 예표하는 그리스도의 모형이라고는 볼 수 있다고 본다. 하지만 (인성을 가진) 인간 아브라함이 고단한 전장(戰場)에서 전투를 승리로 끝낸 후에 (구약시대에) 신·인성의 형상을 가지고 현현(Manifestation)[133]한 예수 그리스도, 곧 (의의 왕, 평강의 왕, 영원한 제사장 이신) 멜기세덱을 친히 만나 전쟁의 승리를 주신 주님(멜기세덱)께 영광을 돌리고 지극히 높으신 하나님의 이름으로 축복을 받은 것으로 이해, 인식하는 것도 충분히 가능하다고 본다.

그러나 그림자는 그 실체가 오면 사라지는 법이다. 중요한 것은 성경 역사속의 멜기세덱은, 유한한 제사장 아론의 반차가 아닌 하나님의 영원한 제사장이며 하나님 아들의 모상(그림자)을 가지고 아브라함 앞에 나타난 것이다(아브라함 앞에 나타난 세 천사 중 한 명처럼 말이다).

이러한 연유(緣由)에서, 서사라 목사의 최종 고백, 즉 믿음의 조상인 "아브라함을 영접하고 축복했으며 또 그로부터 전리품의 온전한 십일조를 받은 영원한 제사장 '멜기세덱'의 정체는 바로 하늘과 땅에서 영원히 선재하신 우리 주님이 (구약시대에) 신성과 인성의 형상으로 현현한, 곧 예수 그리스도이시다"라는 주장[134]은 지금까지 전통과 역사 가운데 논의한 성경의 증거와 부합(符合)한 것

---

133) **현상**은 내적인 것, 본질적인 것이 외적인 것으로서 정립되어 그 본래의 모습이 드러나는 것이지만, 현상보다도 고차적인 의의를 지닌다. 현상이 근거와 실존의 반성운동으로서 존재하는 것인 데 반해, **현현(顯現)**은 자기의 외면적 존재에서 존재하는 한에서 자기 자신이라는 자기규정의 운동을(명백하게) 나타내며, 근거와 실존, 내면과 외면이 동일한 '현실성'의 지평에 존재한다.

134) 서사라, 『이제도 있고 … 천국과 지옥 간증수기3 …』, p. 97.

으로 볼 수 있다.

3. "보좌에 앉으신 분과 어린양, 그리고 일곱 영" 에피소드 속에 나타난 그리스도의 인격과 신·인성양성 교리에 대한 서사라 목사의 이해와 인식 분석과 평가(#3)

에피소드 출처:	[천국과 지옥 간증수기 제5권]-[에피소드 #21], (2014.9.6)
에피소드 제목:	"보좌에 앉으신 분과 어린양, 그리고 일곱 영"(p.92-98).

"너희는 나를 누구라 하느냐?"라는 예수의 물음에 "주는 그리스도시오 살아계신 하나님의 아들이시니이다"(마16:15-16)라고 베드로는 대답하였다. 바로 이 사건에서 역사신학자 베른하르트 로제(Bernhard Lohse)[135]는 이 대답이 신앙고백이란 의미에서 기독교의 첫 교리이며, "예수 그리스도는 누구신가?" 라는 그리스도의 인격 또는 정체가 시발 되었다고 말한다.

기독론(基督論)이란 예수 그리스도에 관한 신학 이론, 즉 넓게는 그리스도의 존재와 사역을 집대성한 신학 이론[136]이라 할 수 있다. 본 연구에서는 그리스도의 본성 또는 넓게는 그의 인격을 집중적으로 다루므로, 본 장에서도 그분의 신성과 인성, 즉 신인양성 연합 및 인격(정체)에 대한 서 목사의 이해와 인식을 살펴보고자 한다.

---

135) [Bernhard Lohse]: 개신교 신학자이자 탁월한 교회사가이다. 그는 1992년까지 함부르크 대학교의 교회사 및 교리사 정교수로 재직하였다. 그리고 1997년, 그가 나고 자라고 학자로서 전 생애를 보낸 함부르크에서 세상을 떠났다. 로제는 **평생 종교개혁사와 루터 신학에 몰두**했다. 로제의 주요 저서로는 『마르틴 루터의 신학: 역사적, 조직신학적 연구』(한국신학연구소)이다.

136) 루이스 벌코프(박문재 옮김), 「기독교교리사」,크리스찬다이제스트,2008, pp.104~131.

A. 서서라 목사의 천상체험 기록 내용과 분석: '보좌에 앉으신 분과 어린양, 그리고 일곱 영' 에피소드 속에 나타난 그리스도의 인격과 신인양성연합 교리에 대한 서 목사의 이해와 인식 및 내용 분석

".... 그리고 주님이 나를 마중 나오셨다. 주님은 오늘따라 머리에 황금면류관을 쓰셨는데 아주 예쁘다. 그리고 긴 흰 옷에 허리에 황금허리띠를 매셨다. '아니 오늘 무슨 특별한 일인가?'하는 생각을 했다. 왜냐하면 보통 천국에서 보는 예수님은 면류관도 쓰지 아니하시고 황금허리띠도 안하고 나타나시기 때문이다.나는 오늘 특별한 계시가 있을 것을 기대했다. 왜냐하면 예수님이 보통 이렇게 입고 나타나시지 않기 때문이다."

천상에서 주님의 뵐 때 서 목사는 주님의 모습에서 자주 잠시 후에 있을 일들을 예지하는 것을 볼 수 있다. 오늘도 주님 머리의 황금면류관과 허리의 황금허리띠 차림에서 특별한 계시를 짐작하고 있다. 그렇다. 성경에 보면, 주님께서는 말씀하실 때에 자주 비유와 상징으로 하셨듯이 서 목사의 간증저서에서도 주님께서 무언의 표증들을 보이신 것을 알 수 있다.

평상시에는 면류관도 쓰지 아니하시고 황금허리띠도 안하고 나타나신 것은 주님의 인성의 성품을 서 목사에게 자연스레 노출하신 것이며 오늘같이 특별한 암시를 위해 각별한 복장을 한 것은 주님 본래의 영원한 하나님의 품성인 하나님의 신성을 구별되게 보이시려는 의도인 것이다. 이렇게 그리스도의 신인양성연합의 인격은 두 성품(신성과 인성)간의 구분은 있으나 분리되지 않고 불변하며, 혼합되지 않는 각 성(性)의 특성을 유지한 채 연합(United)된 인격의 모습인 것이다.

".... 그리고는 Y자로 생긴 길이 갈라지는 곳에 있는 사도 요한의 집에 도착하였다. 그 곳에 피크닉 테이블이 있고 저 편에는 주님이 앉고 그 다음 그의 왼편에 모세가 앉았다. 모세는 하늘색의 옷을 입고 있었다. 그리고 이편에는 내가 먼저 앉고 내 오른편에 사도 요한이 앉았다. 사도 요한의 자리는 항상 여기다. 그는 머리는 약간 곱슬머리에다가 흰 옷을 입고 있었다.

그리고 요한과 나는 성경책을 펴고 있었다. 그 성경책들의 책갈피는 다 황금이었다. 나는 요한계시록의 5장에서 나오는 보좌에 앉은 이와 어린양, 즉 뿔이 일곱이고 눈이 일곱인 어린양에 대하여 질문을 가졌다.

나는 주님께 물었다. "주님, 보좌에 앉은 이가 누구예요?" 그랬더니 주님이 말씀하신다. "나다." 나는 그 말을 믿을 수가 없었다. 왜냐하면 나는 그 보좌 앞에 있는 어린 양이 예수님 이라고 생각했기 때문이다. 그래서 나는 다시 물었다. "아니, 주님 보좌에 앉은 자가 누구예요?" 주님은 다시 경쾌히 말씀하신다. "나야 나" 나는 이 말에 놀라지 아니 할 수 없었다. 왜냐하면 어린 양도 예수님, 보좌에 앉은 이도 예수님, 어찌 두 몸이 될 수 있겠는가 그래서 나는 다시 물었다. "주님, 보좌에 앉은 이가 누구예요?" 주님은 "나야 나" 다시 말씀하신다.

그 때에 모세가 나에게 황금지팡이를 건네준다. 나보고 주님이 하시는 말씀을 그대로 믿으라는 것이다. "아하, 그러면 보좌에 앉은 이가 주님이신 것이 맞네요." 그래 맞다. 왜냐하면 주님이 부활하셔서 천국에 들어가셨으니 보좌에 앉으셔서 여기 오른 손이라는 표현을 하고 잇는데(계5:7)[137] 그것이 주님의 손이 맞네요. 할렐루야!"

서 목사는 '보좌에 앉으신 이'가 주님 자신이라는 주님의 세 차례 대답에 마침내 수긍하면서 정리하기를, 하나님은 삼위일체의 하나님이신데 천국에서 실제의 몸을 갖고 계신 분은 예수님이시니까 그 보좌에 앉으신 분은 예수님이 맞는 것이다. 그래서 주님은 오늘 머리에는 황금면류관을 쓰시고 허리에는 황금허리띠를 하고 계시는 것이 깨달아 졌다는 것이다. 왜냐하면 주님 자신이 그 보좌에 앉은 분이라는 것을 자신에게 깨닫게 하시려고 미리 그런 옷을 입고 나타나신 것으로 서 목사는 해석하였다.

서 목사의 이 해석을 신·인성 교리에 대입하면 천상에서 머리에 황금면류관을 쓰고 황금허리띠를 착용하시고 보좌에 앉으시는 분

137) "어린양이 나아와서 보좌에 앉으신 이의 오른손에서 책을 취하시니라"(계5:7).

은 '삼위일체 하나님'[138] 밖에는 없는 것이다. 그것도 서 목사의 해석대로 성삼위 하나님의 제2위격(神性)이신 주님만이 [참 사람]의 몸(人性)을 입으셨으니(성육신으로 신·인성양성의 인격을 가지심), 보좌에 앉으시는 분은 당연히 주님으로 이해할 수 있을 것이다. 왜냐하면 주님은 지상에서 그의 모든 구속사역을 이루심으로 부활하신 후 "하늘과 땅의 모든 권세를 내게 주셨다"(마28:18)[139]고 만 천하에 선포하신 분이시기에 보좌에 앉으실 분은 만 왕의 왕이신 참 하나님(신성) 곧 주 예수 그리스도이신 것이다.

"…. 그래서 나는 그 다음 질문으로 넘어 갔다.
그러면 주님, 보좌에 앉으신 분이 주님이시라면 그 앞에 있는 어린양은 누구입니까?" 주님은 이 때 그 대답을 마음으로 알게 하여 주셨다. …. "그는 나를 상징하는 동물이란다." "네?" 나는 놀랐다. 지금 성경은 어린양을 예수님으로 표현하고 있는 것 같은데 주님은 그 어린양은 주님을 상징하고 있는 동물이라 말씀하시는 것이었다. 아하 그렇구나 …. 그렇지 …."

이어서 서 목사는 [계5:7]의 "보좌에 앉으신 이의 오른손에서 책을 취한 어린양"의 정체에 대하여 주님께 질문하였고, 즉시 주님의 답변이 마음으로 전해져 왔다. 그 어린 양은 "주님을 상징하는 동물"이라는 것이다. 이에 대하여 서 목사는 주님에 대한 성경의 표현('세상 죄 지고 가는 하나님의 어린양')을 떠 올리어 어린양은 주님 자신을 상징한 동물이라는 것에 동의하고 깨우쳐 주심에 감사와 찬

---

138) '천상의 보좌'는 성경 전체적인 맥락에서 볼 때(계5:1; 6:16; 7:9; 8:3; 12:5; 16:17; 19:5; 20:11; 21:5; 22:1; 왕상22:19; 사6:1; 겔1:26; 단7:9), 당연히 '삼위일체 유일신 하나님'의 자리인 것이다. 여기서 '삼위 하나님'은 사역과 존재론적 의미에서 성부, 성자, 성령 삼위의 하나님이 함께 일하시는 보좌라는 개념으로 이해해야 할 것이다. 이런 의미에서 서 목사가 [신인성양성연합의 인격]을 가지신 예수 그리스도의 보좌로도 이해, 인식할 수 있다고 본다.

139) "예수께서 나아와 일러 가라사대 하늘과 땅의 모든 권세를 내게 주셨으니"(마28:18)

양을 드렸다.

여기서 서사라 목사의 깨우침을 그리스도의 신·인성양성 교리와 주님의 속죄사역 측면에서 해석하면, 인간(제사하는 당사자)의 죄를 대신한 구약 제사에서의 제물이 된 어린양처럼, 친히 인간의 몸(인성)을 입으신 예수 그리스도(신성)께서 십자가의 고초와 대속의 죽음을 맞이하셨음을 설명, 증거 하려는 뜻에서 "어린양"을 고난당하시고 죽으신 주님의 구속사역의 상징(象徵)으로 표현한 것이다. 이와 유사한 신약성경의 비유(요1:29)[140]와 본 에피소드의 상징은 의미상 같은 것이다.

특히 주님이 본 에피소드에서 '보좌에 앉으신 이'[141]와 '어린양'을 독립적이면서 동일 인격으로 상징(비유)하여 표현한 것은 그리스도의 신·인성 양성의 연합 원리를 서 목사에게 풀어 설명 해 주고자 하는 것으로 연구자는 해석한다.

즉 성육신을 통해 신·인성 양성이 연합의 방법으로 결합한 것을 보좌에 앉으신 이, 곧 주님 자신과 주님의 오른손의 책을 취한 어린양이 동일한 인격체임에도 십자가 대속사역에 있어서는, 인간의 죄의 값으로 치러야 했던 '십자가 고통과 죽음'은 인성을 가진 어린양(그리스도의 죽음을 상징한 동물)이 감당했다. 그리고 죄(罪)의 삯을 다 이루심으로 더 이상 무덤에 머무를 수 없는 그리스도의 '순종과 의(義)의 보응으로서의 부활'은 참 하나님의 신성을 가지신 주님이 감당하심으로 신·인성(두 성품)의 양성연합체로서의 성자 하나

---

140) "이튿날 요한이 예수께서 자기에게 나아오심을 보고 이르되 보라 세상 죄를 지고 가는 하나님의 어린 양이로다"(요1:29)

141) 서 목사가 보좌에 앉으신 분을 주님 자신이라고 할 수 있는 성경적 근거로 **[계22:1]**에 나오는 보좌, 즉 "하나님과 및 어린양의 보좌로부터' 라는 말씀인 것으로 본다.

님, 곧 예수 그리스도라는 하나의 단일 인격이 구속사역의 조건을 다 이루신 것이다. 그래서 이제 천상에서도 주님의 양성연합인격으로(주님 자신과 상징으로서의 어린양이 연합하여) 남은 그 날의 구원사역을 (구원주와 심판주로서) 이루어 가고 계신 것이다.

B. [천국과 지옥 간증수기 제5권]의 에피소드들 속에 나타난 [그리스도의 인격, 즉 신·인성양성연합 인격]에 대한 서 목사의 이해와 인식 분석과 논의

그리스도의 인격을 알려면 그리스도와 동시적으로 역사(役事)하시는 삼위일체 하나님의 인격을 먼저 이해하는 것이 순서이다. 왜냐하면 개혁신앙의 기독론은 삼위일체 구조 안에서 그리스도의 인격과 사역을 이해하는 데서 출발하기 때문이다.

특히 본 연구의 교리상의 키워드가 그리스도의 성육신과 신·인성 양성이라는 점에서 삼위일체 하나님의 인격 중, 성부 하나님과 성자 예수님간의 인격적 관계(또는 차이)에 한정하여 정리하고자 한다. 따라서 본 장에서는 서사라 목사가 천상에서 본 성부 하나님, 성자 예수님의 인격에 대하여 어떠한 이해와 인식을 가지고 있는지에 대하여 살펴보고자 한다.

먼저 성부 하나님의 인격에 대한 이해를 정리하고 이후 성자에 대한 서 목사의 이해와 인식을 살펴 볼 것이다.

1) 성부 하나님의 인격에 대한 이해: 눈으로 그 모습은 볼 수 없으나 그 음성으로 존재를 인식할 수 있는 참 하나님(신성)-성부 하나님, 창조주, 구원주, 섭리주, 심판주이시다.

　서 목사는 성부 하나님이 계시는 궁을 방문하는 [제5권, 에피소드 #45]에서, 성부에 대한 어떤 모습이나 형상을 목격하지 못하고 성부의 존재를 마주하게 된다("그 궁의 앞에 보이지 아니하는 누군가가 있으신 것이었다.").[142] 그 곳에서 서 목사는 여호와 하나님의 음성을 듣는다("나는 그 웅장함과 엄숙함에 놀라서 바닥에 엎드려 있었다.").[143] 그 궁 앞에서 아무도 안 보이는데 소리가 난 것이다. 즉 서 목사는 보좌에서 나오는 음성으로서 성부 하나님의 신적 존재를 확인한 것이다.

　한편 서 목사는 [제5권]의 [에피소드 #141: 백보좌에 앉으시는 분이 주님이심을 밝혀주시다, 2015. 4.27]에서 성부 하나님이 백보좌에 앉으시는 분으로 알고 지금까지 고백하고 있었음에도 불구하고, 그 백보좌 심판 때 흰 보좌가 펼쳐지는데 거기 앉으시는 분이 바로 "나로라"하고 주님이 말씀하신다.(".... 왜냐하면 나는 여태까지 성부 하나님이 그 백보좌에 앉으신다고 생각해 왔기 때문이다.").[144] 이러한 주님의 말씀에 대한 이해를 서 목사는 다음과 같이 정리한다. ".... 그러므로 그 백보좌에 성부 하나님이신 여호와 하나님이 앉으신다 하여도 그분은 성자 하나님이신 것이다. 왜냐하면 성부, 성자, 성령은 한분 하나님, 즉 삼위일체 하나님이시기 때문이다."[145]

　본 내용을 정리하면 서 목사는 그의 간증저서 전반에서 성부에 관한 인식을, "성부 하나님은 우리 (육신의) 눈에 보이지 않지만 (영

142) 서사라, 『이제도 있고 … 천국과 지옥 간증수기 5 …』, p. 160.
143) 서사라, 『이제도 있고 … 천국과 지옥 간증수기 5 …』, p. 161.
144) 서사라, 『이제도 있고 … 천국과 지옥 간증수기 5 …』, p. 438.
145) 서사라, 『이제도 있고 … 천국과 지옥 간증수기 5 …』, p. 438.

적으로)[146] 분명히 존재하시며 음성으로 말씀하시는 분"이시라고 증언하고 있다.[147]

다만 성부 하나님과 성자 예수님간의 인격적 구별(또는 차이점)은 예수님만이 삼위 중 [성육신]을 통해 신성(神性)으로서 인성(人性)을 취하신 분이시기에 [신·인성 양성연합인격]으로 하늘과 땅에서 피조물과의 시청각적 교제와 교통이 자유롭다는 점을 서 목사는 인식하고 있는 것이다.

이러한 <u>서 사라 목사의 성부 하나님의 존재론적 인격에 대한 이해와 인식</u>은 신약성경이 증거(證據)하는 성부에 대한 기술(記述), 예로서 예수님 세례 받으실 때 성령의 비둘기 모양으로 임하심과 성부의 음성으로 계시하심(마3:16-17)[148], 그리고 변화산에서의 구름 속에서 성부께서 음성으로 하신, " .... 이는 내 사랑하는 아들이요 내 기뻐하는 자니 너희는 그의 말을 들으라"(막9:7; 눅9:35) 하고 말씀하신 것 등과 동일한 맥락으로 볼 수 있기에 성경의 증거에 부합(符合)한 것으로 사료(思料)된다.

다만, 소위 백보좌 심판(계20:11-15) 때[149] 그 재판장의 보좌에 성부와 예수 그리스도 중 누가 앉는가에 대한 논의는 다소 이견(異見)이 있을 수 있다는 것으로 본다. 기존의 신학에서는 성부 하나님 곧 여호와 삼위일체 하나님이 심판의 보좌에 앉는다고 하지만, 서

---

146) [요4:24] "하나님은 영이시니 예배하는 자는 영과 진리로 예배할찌니라"(NIV, worship in spirit and in truth)

147) 서사라, 『이제도 있고 … 천국과 지옥 간증수기 5 …』, p. 162(episode #45), 282(episode #93).

148) "예수께서 세례를 받으시고 곧 물에서 올라오실새 하늘이 열리고 하나님의 성령이 비둘기 같이 내려 자기 위에 임하심을 보시더니 하늘로부터 소리가 있어 말씀하시되 이는 내 사랑하는 아들이요 내 기뻐하는 자라 하시니라"(마3:16-17)

149) [크고 흰 보좌에서 심판을 내리시다] "또 내가 크고 흰 보좌와 그 위에 앉으신 이를 보니 땅과 하늘이 그 앞에서 피하여 간 데 없더라"(계20:11)

목사가 만난 천상의 주님께서는 '주님 자신'이라고 선포하신다. 서목사는 주님의 이러한 선포를 '삼위일체 하나님께서는 심판주로서 심판을 작정하시지만 그 재판을 주제하여 행하실 분(인격)은 바로 성자 예수님 자신이라는 뜻으로 이해'하고 있는 것이다. 이러한 생각의 근거는 앞에서도 언급했지만 그리스도 성육신의 본질과 이유가 인류의 구원에 있다는 점인 것이다.

따라서 성자 예수님의 성육신을 통한 [신·인성 양성연합인격]을 가지심은 십자가 속죄사역과 영원한 중보자로서, 심판주로서의 구원사역을 온전히 이루기 위한 성부 하나님의 작정을 생각 해 볼 때, 인간을 가장 잘 아시고 아니 친히 [참 사람]이 되시어 사망에 이르기까지 모든 것을 체휼하신 성자 예수님이 아니고서는 어느 누구도 성삼위 하나님의 공의로운 재판을 행할 수 없다고 생각하는 것이다 (각주 답변 참조).[150] .

서사라 목사의 이러한 인식을 지지하는 필자는 위 분석에 더하여 다른 측면에서의 근거로서 마지막 일들(심판)에 관련한 다음의 성경말씀(요5:22, 행10:42)을 제시한다.

"아버지께서 아무도 심판하지 아니하시고 심판을 다 아들에게 맡기셨으니"(요5:22)

"우리에게 명하사 백성에게 전도하되 하나님이 살아 있는 자와 죽은 자의 재판장으로 정하신 자가 곧 이 사람인 것을 증언하게 하셨고"(행

150) 최후 심판의 보좌에 앉으실 분은 틀림없이 주 예수님이시다. 하나님 아버지는 심판하시는 일을 모두 아들에게 맡기셨고(요5:22),그 분을 살아 있는 사람들과 죽은 사람들의 심판자로 정하셨다(행10:42; 17:31, 딤후4:1; 롬2:16). [마태복음 25:31-46]에서 주님은 천년왕국 이전에, 살아 있는 자들을 심판하시고, [요한계시록 20:11]에서 주님은 천년왕국 이후에, 죽은 자들을 심판하시는 분이시다(신약성경 회복역, 한국복음서원, 2007, p. 1411). 또 다른 근거는 [히7:17, 시110:1, 4-6]을 참조할 것을 제안함(필자 주).

10:42)

**2) 성자 예수님의 인격과 신성(본성), 신분과 사역(使役)에 대한 이해:
삼위일체 하나님의 [제2위격]이신 주 예수 그리스도, 성육신으로 신·인
성양성연합 인격의 참신과 참인간(Vere Deus Vere Homo), 구속주,
섭리주, 중보자, 재림주와 심판주이시다.**

　　서사라 목사의 천상여정(天上旅程) 가운데서 그리고 그의 저서
에서 삼위일체 하나님 세 위격 중에서 가장 가까운 관계이며, 가장
많이 언급되고 자주 등장하는 분은 바로 성자 예수 그리스도이시
다. 왜 그러한가? 지상에서의 우리 신앙인의 삶 속에서도 다를 바
가 없다.

　　교회(성도)는 예수님을 통해서(그리스도 안에서) 아버지 하나님
을 알고 그를 믿어, 그에게 경배로 기도로 교제와 은혜의 자리로 나
아가는 것이다. 이것은 주님만이 하나님의 신성으로 참 사람이 되
신, 곧 성육신하셔서 '신인양성인격'을 가지신 우리의 중보자이시
기 때문이다. 그리하여 우리 인간은 땅에서나 천상에서나 오직 예
수 그리스도에게서만 우리와 동일한 사람의 모습(형상)과 인성(人
性)의 감성을 느낄 수 있는 것이다. 따라서 천상에서는 성부와 성령
하나님은 예수님의 모습을 보듯 동일한 방법으로 대면하여 인지(認
知)할 수는 없는 것이다. 하지만 성부와 성령의 존재는 인지할 수
있는 것이다(예수님 세례 시, 마치 구름 속 성부의 음성이나 성령의
비둘기 형상처럼 나타나심(물, 불, 바람같이, 인) 등이다).

　　서 목사는 그의 간증저서 [제5권]의 여러 에피소드들
(Episodes)에서 성자 예수 그리스도의 신성을 증거하며 신약의 주

예수 그리스도가 곧 구약의 여호와 하나님이시라는 주장을 다음과 같이 하고 있다.

　서 목사는 [에피소드 #141, 2015. 4. 27]에서 구약의 스가랴 서(슥14:3, 14:9)[151]에 나오는 '여호와'를 신약의 아마겟돈 전쟁(계 19:11-21)에서 적그리스도와 싸우시는 '예수 그리스도'로 인식한 다. 그 이유는 천국에서 주님으로부터 "나는 여호와니라"하는 말씀 을 거의 열 번 이상 들었다고 하면서, 구약의 열국을 치시는 '여호 와'가 신약의 요한계시록(계19:11-13)[152]에 등장하는 백마 탄자 곧 피 뿌린 옷을 입은 하나님의 말씀, '예수 그리스도'이시라고 정리한 다("구약의 여호와가 예수님이신 것이다").[153]

　또한 [에피소드 #175, 2015. 5. 29]에서는, 이사야(사8:13-15) 에 나오는 '걸림돌'과 [벧전2:6-8]에 나오는 '부딪히는 돌'과 '거치 는 반석'과 연관하여 구약의 '만군의 여호와'가 신약의 '예수 그리스 도'임을 주장한다("그러므로 만군의 여호와 = 거치는 돌 = 예수 그 리스도이신 것이다.").[154]

　서사라 목사의 이러한 주장의 의미는, "여호와는 구약의 하나님,

---

151) "그 때에 여호와께서 나가사 그 이방 나라들을 치시되 이왕의 전쟁 날에 싸운 것 같이 하시리라"슥14:3), "여호와께서 천하의 왕이 되시리니 그 날에는 여호와께서 홀로 한 분이실 것이요 그의 이름이 홀로 하나이실 것이라"(슥14:9)

152) "또 내가 하늘이 열린 것을 보니 보라 백마와 그것을 탄 자가 있으니 그 이름은 충신과 진실이라 그가 공의로 심판하며 싸우더라 그 눈은 불꽃 같고 그 머리에는 많은 관들이 있고 또 이름 쓴 것 하나가 있으니 자기밖에 아는 자가 없고 또 그가 피 뿌린 옷을 입었는데 그 이름은 하나님의 말씀이라 칭하더라"(계19:11-13)

153) 서사라, 『이제도 있고 … 천국과 지옥 간증수기 5 …』, p. 439.

154) 서사라, 『이제도 있고 … 천국과 지옥 간증수기 5 …』, p. 553.

예수 그리스도는 신약의 하나님"이라는 양태론적 이단 사상[155]을 말하는 것이 아니다. 말하자면 기존의 삼위일체론 관점에서 볼 때 "삼위일체 하나님 가운데 유일하게 [성육신]하셔서 하나님의 구원을 다 이루시고 하늘과 땅의 모든 권세(구속, 섭리, 중보, 심판, 재림)를 가지신 영존하시는 [성자 하나님]의 인격과 사역을 구약 속에 적용시킴과 함께 주님의 독특한 [신·인성 양성연합인격]을 증거하는 것이다.

또한 서 목사는 그의 간증저서 [제7권]의 [에피소드 #2][156]에 인용된 이사야(사9:6)의 메시아 예언 구절을 통해 예수 그리스도의 신분(정체성)을 적시(摘示)하면서 주님의 이름(예수)에 명기된 그리스도의 신성을 증거하고 있다. "이는 한 아기가 우리에게 났고 한 아들을 우리에게 주신 바 되었는데 그의 어깨에는 정사를 메었고 그의 이름은 기묘자라, 모사라, 전능하신 하나님이라, 영존하시는 아버지라, 평강의 왕이라 할 것임이라"(사9:6).

그리고 간증저서 [제5권] [에피소드 #141] 끝부분에 인용된 성경 말씀, 빌립보서(빌2:6)[157]를 근거로 하여 예수 그리스도를 '하나님의 본체'라고 이해하며 종말 심판 때 백보좌 재판장이 될 그리스

---

155) 양태론(樣態論, Modalism)은 전통적 유일신 신앙(단일신론)은 고수하면서 삼위일체를 설명하고자 했던 기독교의 이단 이론을 말한다. 양태론은 독일 신학자 아돌프 폰 하르낙(Adolf Von harnack, 1851-1930)이 도입한 단어다. 삼위일체에서 가장 오류를 범하기 쉬운 것이 양태론이기에 바로 알고서 조심해야 한다.[양태론자들의 입장]은, 1) 하나님은 한분이시고 그리스도는 완전한 신성을 가졌으므로 아버지와 아들은 하나라는 입장을 고수한다. 2) 즉 한분 하나님께서 모양만 성부, 성자, 성령의 다른 형식(forms)으로 나타났다는 주장이다. 3) 이렇게 되면 그리스도의 인격과 성령의 인격은 사라지고 단일 신격만 남게 되어 이단 사상이 되어 버린다. 4) 전형적인 양태론은 같은 하나님이 창조 시에는 성부 하나님으로, 구속에는 성자 하나님으로, 성화 때는 성령 하나님으로 활동한다고 본다. 즉 양태론은 교회의 정통적 삼위일체론을 정면으로 부정하고 있다.
156) 서사라, 『이제도 있고 … 천국과 지옥 간증수기 7 …』, p. 53.
157) "그는 근본 하나님의 본체시나 하나님과 동등됨을 취할 것으로 여기지 아니하시고"(빌2:6)

도의 신성을 증거하는 것이다.[158]

이에 더 나아가, 서 목사는 간증저서 [제5권]의 [에피소드 #62, 2014. 11. 24]에서, 이 예수 그리스도가 하나님이 보내신 독생자로서 죄인을 위해 죄인의 자리에서 죽으셨다가(인성) 부활하셨으며 (신성) 지금은 교회 안에서 임재하고[159] 장차 재림하여 심판하실(권능) 분이심을 주장하며 주님의 영광, 권능, 신성을 강조하여 증거한다. 또한 그는 [제6권]의 [에피소드 #70, 2016. 6. 29]에서 신명기서(신4:28)[160]의 '목석의 신들'과 대별하여 "우리가 섬기는 신은 살아계신 삼위일체 하나님이시고 이 세상을 주관하시며 또한 이 세상에 오셔서 우리 죄를 대신하여 죽으시고 삼일 만에 부활하신 예수 그리스도인 것이다."[161]라고 하여 이방인들의 거짓된 우상과 대비하여 삼위일체 하나님의 제2위격으로서, 성육신하여 신인양성 연합의 인격으로 죄인의 구속과 부활을 이루신 그리스도의 신성과 본질 측면에서 성부 하나님과의 동등하심을 강조하여 증언한다.

C. 간증저서 [제5권] 에피소드들 속에 나타난 그리스도의 인격, 즉 신인양성연합 인격에 대한 서 목사의 이해와 인식 분석결과와 검증

앞에서 기술한 예수 그리스도의 인격과 사역에 대한 서 목사의 이해와 인식(認識)을 요약하고 연구자의 분석결과를 다음과 같이 정리, 검증한다.

---

158) 서사라, 『이제도 있고 … 천국과 지옥 간증수기 5 …』, p. 439.
159) 서사라, 『이제도 있고 … 천국과 지옥 간증수기 5 …』, p. 203(한국 집회 어느 교회 기도집회에서 담임 목사에게 "교회가 기도하는 중에 이 교회 안에 주님이 영체로 임하셨다고 말씀드렸다"고 기록되어 있다).
160) "너희는 거기서 사람의 손으로 만든바 보지도 못하고 듣지도 못하며 먹지도 못하며 냄새도 맡지 못하는 목석의신들을 섬기리라"(신4:28).
161) 서사라, 『이제도 있고 … 천국과 지옥 간증수기 6 …』, p. 321.

서사라 목사가 본 장에서 "그리스도의 인격과 사역에 관하여 이해, 인식하는 주요 이슈(Issues)" 다섯 가지 중에서 앞 두 개를 제외한 나머지 세 개는 기존 신학과 성경의 해석에 부합하는 것으로 볼 수 있기에 추가적인 논의가 불필요하다고 본다. 하여 (1), (2)건에 대하여 독자들의 이해를 돕기 위하여 부가적인 연구자의 논점을 첨언(添言)하고자 한다.

(1) 구약의 여호와 하나님은 예수 그리스도이시다(슥14:3, 9; 계19:11-13): 이 말은 구약의 천하 열국을 다스리고 전쟁을 직접 지휘하는 만왕의 왕이신 여호와 하나님과 장차 재림 후 백마 타시고 아마겟돈 전쟁을 통하여 하나님의 원수(적그리스도)를 치실 예수 그리스도를 대비시키는 것이다. 이 말의 의미는 여호와 하나님과 예수 그리스도의 인격을 동일시 또는 일치시하는 것이 아니다. 구약의 전쟁을 이끌고 천하를 통치하는 분이 만군의 여호와이시듯이 장차 이 땅에 있을 아마겟돈 전쟁을 이끌 자와 심판자는 예수 그리스도이시라는 것이다.

왜냐하면 하나님께서 그리스도의 성육신하심으로 인해 구속을 다 이루신 이후 심판의 실행을 예수 그리스도에게 맡기셨기(요5:22: 행10:42)[162) 때문이다. 그래서 주님이 부활하신 후에 하늘과 땅의 모든 권세(권능)를 받으셨다(마28:18)고 하신 것이다.

따라서 서 목사의 이러한 주장은 구약의 만국을 통치하는 만왕의 왕 삼위일체 여호와 성부 하나님의 인격과의 동등함 또는 일치가 아니라 사역이나 존재방식, 즉 본질(Essence) 측면에서 그리고

---

162) "아버지께서 아무도 심판하지 아니하시고 심판을 다 아들에게 맡기셨으니"(요5:22) "우리에게 명하사 백성에게 전도하되 하나님이 살아 있는 자와 죽은 자의 재판장으로 정하신 자가 곧 이 사람인 것을 증언하게 하셨고"(행10:42)

예수 그리스도의 신성, 곧 하나님의 심판을 위임 받은 자로서의 권능과 영광을 여호와 하나님의 그것과 동일시하여 증거하는 것이다. 다시 말하면, 삼위일체 하나님의 성부와 성자 하나님의 인격을 동일시함이 아니라 그 사역적 본질과 하나님의 영광과 권능적인 측면에서 "구약에 이 땅에 현현한 여호와 하나님이 신약에 그리스도로 성육신한 예수 그리스도와 동일하다"라는 의미인 것이다. 왜냐하면, 구약에 신현(神顯)또는 현현한 하나님에게 '여호와(사자)'의 호칭이 적용되었고 이들은 다 성자 하나님의 현현으로 이해되고 있기 때문이다.[163] 더 자세한 설명은 다음 장의 총평에서 보충하기로 한다.

(2) 예수 그리스도는 성부 하나님과 하나이시다(요10:30: 사9:6; 빌2:6 참조): 서 목사는 [사9:6]과 [빌2:6]에서 예수 그리스도가 각각 '영존하시는 아버지'와 '하나님의 본체' 됨을 근거로 성부와 성자 예수가 하나임(하나의 인격 됨)을 주장하는 것으로 독자들이 오해할 수 있다고 본다.

그러나 앞에서도 언급했듯이 서 목사는 그런 의미의 인식이 아님을 [요10:30] 말씀의 해석으로 정리하고자 한다. "나와 아버지는 하나이니라"고 하신 예수님의 단언은 "하나님의 생명과 신성의 본성적 측면에서 아버지와 아들은 하나인 것"이라는 의미이다. 본 성경 성구의 전후 문맥을 면밀히 살펴보면 하나님 아버지의 생명과 그의 신성이 아들과 일치한다는 뜻이다. 이 말에 오해를 한 당시의

---

163) 아담의 타락 시에 아담에게 오신 하나님도 아들 하나님이시고(창3:9), 아브라함의 장막에 찾아오신 하나님도 성자 하나님이시다(창16:7, 9-11; 22:11, 15). 또한 소돔과 고모라를 심판하기 위해서 오신 하나님도 아들 하나님이시다(창19:1-28). 구약에 나타나신 하나님에게 다 여호와의 호칭을 적용하였다.[발제자: 서철원 교수, 한국교회연합(사), 「삼위일체 및 특별계시 세미나」, (서울: 바른신앙수호위원회, 2019.3), p. 27.

유대인들도 예수님의 신성에 대한 이해가 전혀 없었기 때문인 것이었다.

또한 성구의 영어 원문("I and the Father are one")에 보면 "are가 복수형이다." 이는 아버지와 아들의 각 인격을 복수(각각의 고유의 인격으)로 보는 것이고 반면에 하나(one)는 아버지와 아들이 신성의 본성적 관계에서 일치(동등)한다는 의미로 보아야 한다.[164] 그러나 성육신한 성자 예수 그리스도는 신인양성연합의 인격을 소유한 점에서도 성부 하나님과는 그 인격(위격)이 특이하면서도 상이(相異)하다고 봐야 할 것이다.

(3) 성삼위 하나님 중에서 성자 예수 그리스도만이 성육신하심으로 하나님께서 사람의 실제 몸을 입으시고 우리의 "중보자와 구속주"가 되신 분이시다: 참 하나님께서 참 사람의 몸을 입으심으로 하나님과 원수 된 죄인의 중보자와 구속주가 되신 그리스도의 성육신과 신·인성양성에 대한 서 목사의 이해와 인식은 정통 개혁주의 교리에 전적으로 부합한 것이다.

(4) 그리스도는 하나님의 독생자이시며 인류 구속을 위해 죄인으로 죽으시고 삼일 만에 부활하시고 지금은 교회에 임재하시며 장차 심판주로 재림하실 분이시다(서사라, 간증수기 제5권, p.203): 이는 '예수의 인성'으로 죄인의 죽음을 속량하시고 '주님의 신성'으로 부활하시어 하나님의 구원을 이루심으로「이제도 있고 전에도

---

164) "성자는 본체에 있어서 성부와 성령과 동등하시지만 인격적 실체에 있어서는 그들과 다르다"는 삼위일체의 개념정의에 따라 "I and the Father are one."에 대하여, 웨슬레는 사벨리우스나 아리우스의 설을 아래와 같이 반박하였다. [요한10:30]의 "아버지와 나는 하나입니다"라는 본문을 웨슬레는 "are가 복수형이다" (are)는 인격의 복수를 실증함으로서 사벨리우스를 반박하는 반면에, 하나(one)는 하나님 안에 본성의 일치를 실증함으로서 아리우스를 또한 반박한다."(웨슬레 조직신학, 50쪽. John Wesley's Theology Today 1960. P. 91).

있었고 장차 올 자」가 되셨다. 이러한 예수 그리스도의 신인양성연합 인격에 대한 서 목사의 이해와 인식은 성경의 증거와 정통 개혁주의 교리와 일치하는 것이다.

(5) 우리가 섬기는 신은 살아계신 하나님이시며 이 세상을 주관(섭리)하시며 사망 권세를 이겨 부활하시고 죄인을 구속하신 분 곧 예수 그리스도인 것이다: 이런 주님의 참 하나님의 신적 인격과 구속과 부활의 신성에 대한 서 목사의 증언은 기존의 삼위일체론과 기독론의 주장과 일치하는 것으로 봄에는 이의(異意)가 없을 것이다.

4. '그리스도의 성육신과 신·인성 교리'에 대한 서사라 목사의 이해와 인식 총평

지금까지 본 장(제Ⅳ장)에서, 역사적 고찰을 통해 정리한 정통 개혁주의 기독론을 구성하고 있는 '그리스도의 성육신과 신·인성 교리'를 기반으로 하여 서사라 목사의 저서 속에 내재하는 그의 신학사상을 분석, 검증한 결과를 다음과 같이 총평으로 정리한다.

1) 서사라 목사는 정통 개혁주의 교회가 믿고 가르치고 있는 '그리스도의 성육신'으로 참 하나님과 참 사람이 되심과 '신인양성연합의 인격'을 가지신 예수 그리스도만이 인류 구원의 유일한 길이 되심을 그의 천국과 지옥 간증수기(8권)을 통하여 선포, 증언한다.

본 논문의 핵심 주제인 "서사라 목사의 신학사상"의 근간(根幹)은 그의 저서 제목인,『이제도 있고 전에도 있었고 장차 올 자 예수 그리스도』에서 알 수 있듯이, "하나님의 창조-구원-섭리-심판-완성의 역사 경륜의 주관자는 오직 예수 그리스도이시다"는 개인적 신앙고백에 있는 것이다. 서 목사는 그의 간증저서 [제 2권] 초입에서 그리스도의 성육신하심을 통해 주는 참 하나님과 참 사람이 되심을 정밀하게 기록하여 선포하고 있다. 또한 성육신의 결과로서 그리스도께서 신·인성양성연합의 무한한 가치의 인격을 가지심으로 인하여, 저서 [제 2권]의 후반부에서 주님의 십자가 대속사역이 온전히 성취됨을 고백함과 함께 선포하고 있다.

그리스도의 성육신과 신인양성연합의 신비에 대한 서 목사의 이러한 이해와 인식은 주님만이 인류를 영원천국으로 인도하는 유일한 길과 천국문의 열쇠 되심을 증언하는 교리적 근간이 된 것이다. 이번 교리적용 연구기회를 기점으로 진리의 말씀에 기반 한 서 목사의 바른 복음과 세계선교 사역이 더욱 담대하게 탄력을 받을 것으로 기대한다.

2) "그리스도의 성육신, 신·인성 양성연합 교리"와 (직 간접적으로) 연관된 그의 저서 속의 간증(Testimony)은 정통적 교리 해석과 성경의 증거에서 전혀 벗어나지 않는다.

이는 서사라 목사가 그리스도의 성육신이나 신·인성양성 교리를 이해, 인식 그리고 적용함에 있어서 정통 개혁주의 기독론 교리에 상반된 이단적 요소나 이단성이 전혀 없다는 의미이다. 예로서, 그는 그리스도의 성육신을 부정하거나 동정녀 탄생이나 성령 잉태론을 의심하거나 거부하지 않는다는 것이다. 또한 그는 그리스도의 선재성을 적극 주장하는 목사이다. 나아가 그리스도의 신성과 인성 및 양성연합단일인격 교리에 있어서도 오직 정통 개혁주의 교회와 동일한 신앙고백을 하고 있다는 것이다.

3) 서사라 목사는 정통 개혁주의 교회의 신앙고백에 다음과 같이 동의한다.

서사라 목사의 신앙고백에 의하면, "나 서사라는 예수 그리스도 가 하나님이심을 믿는다. 예수 그리스도의 신성을 고백한 니케아 신경(325)[165]과 이를 더 보완한 칼케톤 신경(451)을 믿으며 개혁교회의 여러 가지 신앙고백 곧 하이델베르크 신앙교육서, 웨스트민스터 신앙고백서를 믿는다"고 고백하고 있다.[166]

4) 서 목사는 동정녀 마리아의 데오토코스(Theotocos)[167]됨을 통해 그리스도의 신성을 강조하여 증언한다[간증수기 2권-에피소드 #8(크리스마스 이브 파티장), 2013.12.24].

서 목사는 예수 그리스도 앞에 무릎을 꿇고 주의 손에 키스하며 "주께서 이 세상에 오실 때에 나 같은 계집종의 몸을 빌어서 오심을 감사합니다"라고 신앙고백 하는 마리아를 기술한 에피소드를

---

165) 첫 번째 범제국적인 종교회의, 그리스도의 신성 문제 최초 고백됨, 당시 교회 쟁점은 '그리스도는 하나님'이었다. 니케아 신경의 특징은 '호모우시오스'(Homoousios), 즉 그 의미는 동일본질(同一本質), 성자는 성부와 본질(Essence)이 하나라는 것이다.

166) **신앙고백서**는 역사 속에서 나타난 진리를 왜곡하고 변질시키는 이단들로부터 교회를 보호하고 진리를 전수(傳受)하기 위해 성경의 진리를 요약하여 그 신앙을 교회가 고백하게 하고 또한 전수 받은 진리를 사수해야 하는 것이다. 따라서 교회의 유일한 머리이신 그의 지배 하에서 그가 제정하신 질서와 조직에 따라 서로 연합되어야 하는 것이다(John Calvin, Institute, IV. VI. IX p. 129). 또한 제정된 내용을 충실히 하여 성경을 해석하는 기준과 표현의 중심으로 삼아야 할 것이다.

167) **데오토코스**(Teotokos)는 예수 그리스도의 신성을 즉, '예수는 사람이 된 하나님'이라는 그리스도론을 강조하기 위한 목적으로, 성모 마리아를 통해 예수 그리스도가 인성(人性)과 함께 신성(神性)을 지닌 존재로 태어났다는 것을 의미하는 **신성 출산**을 강조하는 기독교의 용어이다. 동방교회에서는 이를 **마리아는 삼위일체 하나님인 성자, 예수를 낳은 '하나님인 예수의 어머니'**가 된다는 교리로 말한다.

통하여 주님의 하나님(신성) 되심을 강조하여 증거하고 있다. 또한 마리아 자신은 그리스도의 데오토코스('마리아는 하나님이신 예수의 어머니')라는 칭호(稱號)를 가졌지만 마리아 자신은 주님의 피조물이며 죄인-'천한 계집종'-된 인간에 지나지 아니함을 강조한다. 이는 오늘날 가톨릭 교회의 마리아 신격화나 우상화 현상을 경계하고 거부하는 서 목사의 특이한 신학적 표현(천상의 기별)인 것이다.

이는 네스토리우스 이단이 마리아를 데오토코스(헬: Θεοτόκος)가 아닌 크리스토코스(Christocos, 마리아는 '그리스도를 낳은 자')라고 주장하다가 이단으로 정죄(431년 에베소 공의회에서 추방되고, 451년 칼케톤 공의회에서 이단으로 확정) 받은 것과는 대조적인 모습을 서 목사에게서 보는 것이다.

5) 서사라 목사는 간증저서 속에서, 마리아가 주님께 고백한 '메시지'를 "영원하신 참 하나님(신성)이신 주께서 나 같은 계집종의 몸(인성)을 취하셨음에도 여전히 주님은 참 하나님과 참 인간의 한 인격을 가지신 영존, 불변하시는 하나님이시며 우리 인간의 유일하신 중보자(仲保者, Mediator)이심"을 고백한 것으로 이해한다[2권, 에피소드 #8(천국에서의 크리스마스 기념)].

마리아의 주님께 고백한 메시지에 대한 서 목사의 이같은 해석은 "그리스도는 본질상 하나님과 동일하고 또한 인간이 되심에 있어서는 우리와 동일하다"고 하는 '그리스도의 신·인성양성' 교리에 부합하며, 또한 "그리스도는 완전한 하나님과 완전한 사람이며, 두 본성은 나누어지지 않고 분리되지 않으며 변하지 않고 혼합되지 않는다"고 천명(闡明)한 칼케톤(Chakedon) 신조(451년)에도 부합한 것이다. 또한 서 목사는 마리아 자신은 분명히 신성적 존재가 아닌 피조물인 죄인 된 인간에 불과함을 구별하고 있음을 엿볼 수 있다.

6) 서사라 목사는 믿음의 조상인 "아브라함을 영접하고 축복했으며 또 그로부터 전리품의 십일조를 받은 영원한 제사장 '멜기세덱'의 정체는 바로 하늘과 땅에서 영존하시고 선재하신 우리 주님, 곧 (구약시대에) 신성과 인성의 형상으로 현현(顯現)한 예수 그리스도이시다"라고 이해 한다: 영원한 주 예수 그리스도의 선재성과 신성을 증언하는 서 목사의 이 주장[168]**은 지금까지 전통과 역사 가운데 논의한 성경의 증거와 해석 에 부합한 것으로 볼 수 있다[제3권, 에피소드 #15(아브라함에게 나타 난 멜기세덱은 '나야'라고 주님 말씀하심)].**[169]

서 목사의 이러한 주장의 의미를 부언(附言)하면, 구약시대의 멜 기세덱을 최소한 그리스도의 성육신과 삼직(왕, 제사장, 선지자)사 역의 예표로서 그 실체인 그리스도의 모형(Model) 또는 그림자라 고 보는 것이다. 나아가 전장(戰場)에서 전투를 승리로 끝낸 "아브 라함을 영접하고 축복했으며 또 그로부터 전리품의 십일조를 받은 영원한 제사장 '멜기세덱'의 정체를(구약시대에) 신·인성의 형상을 가지고 현현(Manifestation)한 삼위일체 하나님의 제2위격인 예 수 그리스도로 이해, 인식하는 것[170]도 충분한 증거가 있는 것이다. 어느 쪽이든 멜기세덱은 하나님 아들의 원형(Prototype) 또는 모 상(그림자)이며, 하나님의 아들 예수 그리스도는 멜기세덱의 실체,

---

168) 서사라, 『이제도 있고 … 천국과 지옥 간증수기3 …』, p. 97.
169) 서사라, 『이제도 있고 … 천국과 지옥 간증수기3 …』, pp. 88-97.
170) 서사라 목사는 성경 창세기 속, 역사적 인물인 **멜기세덱**을 **성육신(成肉身) 이전의 역사 가운데 현현(顯現)하여 선재(先在)하신 성자 하나님**, 곧 예수 그리스도로 인식하고 고백함은 **성경의 증거에 부합한 것으로 본다는 의미이다.**

즉 본체가 되는 것이다(시110:4).[171]

구약성경에서 멜기세덱의 정체성을 밝히려는 데 집중하는 서 목사의 목표는 결국 그리스도의 신성(Divinity)과 그의 선재성(Pre-existence)을 확보하려는 것이다. 이는 신약성경에서 성취되는 예수 그리스도의 성육신 교리의 역사성과 견고성, 하나님의 구원계획의 일관성 및 신구약성경의 일체성을 증명하려는 주님의 의도이기도 한 것이다.

7) 서 목사는 그리스도의 성육신, 그리스도의 신성과 인성 그리고 양성 연합 인격이 왜 '그리스도의 십자가 대속사역에 필수적인 것'인지에 대한 바른 신학적 교훈과 인식적 체험을 가지고 있다.

이는 마치 '그리스도의 선재성과 동정녀 탄생'이 그리스도의 '성육신'에 필수적인 요건인 것같이 '그리스도의 신·인성의 연합과 양성연합 단일인격' 또한 주님의 십자가 구속사역을 성취시키는 데 불가역적(不可逆的)이고 결정적인 가치와 역할을 제공한다는 것이다. 즉 그리스도의 십자가 고난과 죽음(Crushfied and Dead)은 죄를 제외하고는 우리와 동일한 인성을 입으신 그 몸으로 우리 죄인이 당해야 할 고초와 사망을 친히 감당하시어 하나님께 화목제물(和睦祭物)로 드려지셨고, 근본 하나님의 본체(신성)이시나 성육신으로 자기를 낮추시고 십자가에 죽기까지 복종(Obedience)하셨으니 그의 의로우심에 하나님이 그를 사망에서 생명의 부활(Resurrection)로 일으켜 지극히 높여 주신 것과 이 모든 생명의 사역은 주님의 신성(Diety)으로 말미암은 것이다.

---

171) "여호와는 맹세하고 변하지 아니하시리라 이르시기를 **너는 멜기세덱의 서열(반차)을 따라 영원한 제사장이라** 하셨도다"(시110:4)

　서사라 목사는 이러한 구속의 전적인 절차를 성경의 예언대로 순종함으로 성취하심은 그리스도의 신인양성이 연합함으로 한 인격을 가지신 그리스도의 양성연합 인격, 곧 예수 그리스도이시라는 것이다. 그래서 죄의 삯인 사망을 감당한 그리스도의 인성과 생명 부활의 승리를 쟁취한 주님의 신·인성 연합의 결과, 곧 구속함의 의(義)와 부활의 첫 열매를 이제 우리 믿는 자에게 전가(轉嫁)해 주시고 계심을 영적여정 속에서 깨닫게 된 것이다.

8) 서 목사는 삼위일체교리에 근간하여, 삼위일체 하나님의 [신성과 영광과 본질] 측면에서 '구약의 여호와 하나님은 주 예수 그리스도와 하나됨'으로 이해한다[제5권, 에피소드 #141(백보좌에 앉으시는 분이 주님이심을 밝혀주시다, 2015. 4. 27, pp. 437-439)].

　서사라 목사의 이 말의 의미는 구약의 여호와 하나님과 신약의 예수 그리스도의 인격(人格)을 동일시 또는 일치시하는 것이 아니다. 삼위일체 하나님의 사역이나 존재방식, 즉 본질(Essence) 측면에서 그리고 예수 그리스도의 신성, 곧 하나님의 심판을 위임 받은 자로서의 신성과 권능과 영광을 여호와 하나님의 그것과 동일시하는 인식인 것이다(히1:3). 이를 두고 혹자는 양태론(Modalism)적 삼위일체 이단성이 있는 것으로 오해하는데(In this regard, some people misunderstand that there is a modalistic trinity heresy), 서 목사는 천상에서 마주친[172] 성부, 성자, 성령 하나님의

---

172) 서사라, 『이제도 있고 … 천국과 지옥 간증수기5, 에피소드 #93(2014. 12. 29)』, pp. 280-283.

인격적 존재에 대하여 분명히 다른 인격으로 상호 구분[173]하였으며 (간증수기5: Episode #93, 282쪽) 성부 하나님과 성자 예수님의 인격을 동일시 또는 일체화 한 것이 아니란 점을 그의 저서에서 밝히고 있다.[174]

이와 관련된 유사 사례로서, 한국장로교신학회에서 판단한 결과 (2018년 10월 15일)를 짧게 소개한다. "어떤 분이 예수 그리스도를 여호와라고 했다는 것 때문에 양태론 이단이라고 하는 것은 있을 수 없다"고 판단한다. 왜냐하면, 정통파 신학자들 중의 믿을 만한 분들은 구약의 여호와라는 호칭이 성부만이 아니라, 성자와 성령님에게도 사용될 수 있다는 것을 분명히 하기 때문이다. 그러면서, 학회는 죤 칼빈, 메이첸 교수, 죤 프레임, 박형룡 박사, 박윤선 박사 등을 참고 증인으로 소환하였다.[175]

미국 웨스트민스터 신학교 창립 교수이며 가장 중요한 학자였던 메이첸(Machan)도 "신약 전체는 예수 그리스도와 이스라엘 언약의 하나님의 본질적 하나 됨에 근거하고 있다"고 하였다 (The whole New Testament is based upon the thought that there is…[an] essential unity between Jesus Christ and the

---

173) [사53:6] "우리는 다 양 같아서 그릇 행하여 각기 제 길로 갔거늘 여호와께서는 우리 무리의 죄악을 그에게 담당시키셨도다" 여기서 [여호와=예수님] 으로 동일 시 한다면 삼위일체교리가 무너지고 성경 해석이 불가능해 진다. 이것이 이단성인 것이 된다. 그러므로 성부와 성자의 인격은 구분된다.
174) 권호덕 외, 『성경과 영적 체험』, (충북: 하늘빛출판사, 2021), p. 70. 또한 본 논문의 제 3장(그리스도의 신성)의 1) 성경이 선포(宣布)하는 [그리스도의 신성]-E(24쪽)을 참조할 것.
175) 한국교회연합(사), 「삼위일체 및 특별계시 세미나」, (서울: 바른신앙수호위원회, 2019), pp. 28-29. 칼빈은 "그리스도는 만군의 여호와라고 불렀며"(Institutes, 1. 14. 11)고 말하며, 여러 구약의 구절을 인용한 후에 "그러므로 그리스도는 여호와라는 결론이 이끌려진다"(Institutes, 3. 14. 13)고 한다. 한국 최초의 개혁파 조직신학 책을 쓰신 박형룡 박사도 "성자에게 신적 명칭들을 적용하여 '여호와 하나님'이라 칭한다(렘23:5,6; 욜2:32; 사9:6; 40:3, 행2:21). [박형룡, 「조직신학 2권: 신론」, (서울: 개혁주의 출판사, 2017), p. 240.

covenant God of Israel.").[176]

또한 죤 프레임(John Frame)도 그의 조직신학에서 다음과 같은 결론을 내리고 있다: "신약 저자들은 예수님의 주 되심과 여호와의 주 되심을 명백히 동일시한다. 그들은 여호와를 말하는 구약 구절들을 인용하면서 그 구절들을 예수님께 적용하는 일이 자주 있다." "예수님의 경우와 마찬가지로 신약 저자들이 여호와를 언급하는 구약 구절들을 언급하면서 그것들을 성령님께 적용하는 많은 경우들이 있다"[177](Systematic Theology, 451, 471).

이와 같이 서 목사와 견해를 지지하는 학자들도 많이 있지만, 이를 분명히 해야 하는 이유는 기독교 신앙의 중심이요, 핵심으로서의 기독론은 삼위일체교리에 그 기초를 두고 있기 때문이다. 교회사를 보면 하나님에 대한 바른 이해를 통하여 역사 속 당대의 이단들로 하여금 기독교 사상에 대한 역행성(逆行性)을 경고해 온 것이다. 이는 하나님에 대한 바른 이해의 교리가 성경의 왜곡(歪曲)된 해석과 오류에 대한 판별 기준(Criteria for discrimination)이 되기 때문이다.

서 목사의 이 같은 이해와 인식은 오늘날 교리(특히, 삼위일체)에 대한 깊은 사려 없이 무분별하고 자의적인 성경해석을 경고하고 또한 정통 개혁주의 신학에서 신구약 성경을 바르게 해석해 가는 것이 교회의 가장 중요한 일임을 교훈함에 기여할 것으로 본다.

9) 서사라 목사는 "구원론에 있어서 그리스도의 신성과 인성의 중요성

---

176) J. Gresham Machen, *The Christian Faith I the Modern World*, (Grand Rapids: Erdmans, 1936 [1965]), p. 151.
177) 한국교회연합(사), 「삼위일체 및 특별계시 세미나」, (서울: 바른신앙수호위원회, 2019), p. 28.

을 절대적인 문제로 인식하고, 성육신의 이유이자 신성과 인성의 결합 방법인 그리스도의 신인양성연합 단일인격 교리는 구원을 이루는 핵심"으로 이해한다.

구원을 이루기 위하여서는 참 하나님과 참 사람이 한 인격으로 연합된 존재여야 한다. 만일 참 사람과 참 하나님의 두 성품이 한 위격(인격)으로 연합되어 있지 않다면 그런 존재는 두 인격 소유자로서 죄와 부패와 타락과 죽음과 멸망아래 있는 인간을 결코 구원할 수 없는 것이다.

이렇게 한 위격 안에서 참 하나님과 참 사람으로서 양성이 연합되어진 인격적 존재(United in one Personality)가 곧 성육신 하신 그리스도이시다. 이와 같은 신·인성 양성연합 교리 안에서 이해되어지는 그리스도야 말로 '구속의 중보자'로서 합당한 것이다(행4;12). 따라서 그리스도 사역의 주체는 신성도 인성도 아닌 "양성이 위격적으로 연합하여 단일인격"이 되신(Hypostatic union: the union of Humanity and Divinity), 주 예수 그리스도인 것이다. 이런 점에서 서 목사는 참 하나님과 참 사람이신 예수 그리스도로 철저히 고백하는 주의 종이다.

10) 서사라 목사는 "그리스도의 성육신 목적과 결과로서의 '십자가 대속 사역'과 그리스도의 속죄사역의 필연성으로 말미암는 '성육신'과 '신·인성 양성연합'의 세 교리는 분리된 것이 아닌 하나다"라고 이해한다("The three doctrines are not Separate but One").

서 목사의 간증수기 [제 2, 3, 5권 등]에 적용되어 있는 성육신(동정녀 탄생, 선재성), 신·인성(양성연합, 단일인격) 그리고 십자가 대속 교리와 관련한 에피소드 내용들을 분석하고 각 교리들 간의 관계성을 정리한 결과, 그리스도의 '성육신의 목적'과 '신·인성 양성연합의 인격' 그리고 '십자가 대속사역'의 세 교리(Doctrine)는 결코 독립되거나 분리될 수 없는 원천적으로 견고한 연결고리로 결속되어 있는 하나의 연합된 교리(전4:12)[178]라는 것을 발견하게 되었다. 즉 성육신은 그리스도의 신·인성 양성연합의 인격을 이루는 것이 핵심이며, 신·인성 양성연합은 신성과 인성의 결합을 이루기 위한 최적의 방법으로서 뿐만 아니라 성육신의 궁극적 목적인 '십자가 구속사역'을 온전히 성취하기 위한 방편이라는 결론에 이르게 되었다. 요컨대, 이러한 삼중구조의 견고한 교리적 체계로, 하나님은 그리스도의 구속사역을 통한 구원의 깊은 경륜을 서 목사의 저서 속에서 몇 조각의 교리가 아닌 큰 한 폭의 사랑의 유채화(A love story in oil painting)를 그려 우리에게 보여주고 계시는 것이다.

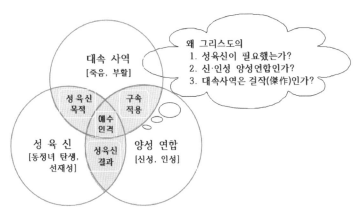

[그림#1] 그리스도의 성육신-신인양성연합-십자가 대속사역 교리간의 관계도

11) **연구자 총평의 결론:** 그리스도의 '성육신', 특히 선재성(그리

---

178) 필자는 이를 **'삼겹줄 성육신 교리**'로 명명하고자 한다. [전4:12] "한 사람이면 패하겠거니와 두 사람이면 능히 당하나니 삼겹줄은 쉽게 끊어지지 아니하느니라"

스도께서 성육신-베들레헴 탄생 이전에 이미 하늘과 땅에 존재하심)에 대한 서 목사의 확고한 인식은 그의 간증저서 제목처럼('이제도 있고 전에도 있었고 장차 올 자 예수 그리스도') 주님의 영원한 선재성을 의미하는, '신적 인격(위격)'에 대한 믿음의 증거인 것이다.

아울러, 서사라 목사의 저서에는 성육신적 이단성은 물론 없거나와, 신·인성 양성연합 교리에 대한 이단성의 개연성(蓋然性)도 전혀 없는 것으로 본 총평의 결론으로 밝힌다. 오히려, 서 목사는 그리스도의 선재성과 신성을 깊게 이해하며 인식하고 있음을 보여 준다 할 것이다. 본 연구를 계기로 서 목사 본인은 물론 독자들에게도 '그리스도의 성육신'과 성육신의 목적과 과정적 결과인 '그리스도의 구속사역' 그리고 '신·인성 교리' 간의 관계에 대한 중요성 인식과 신학적 성찰의 새로운 도전을 받을 것으로 기대한다.

V. 연구 결과의 요약 및 결론

지금까지 필자는 본 논문의 주제인「그리스도의 성육신과 신인 양성연합 교리 관점」에서의 서사라 목사의 신학사상을 검증하고 자, 정통 개혁주의 기독론 교리 중 그리스도의 성육신과 신·인성 교리에 대한 서사라 목사의 이해와 인식(신앙고백)이 삼위일체의 구조적 질서 가운데 "그의 간증저서(8권) 속에서 어떻게 나타나고 표현되는지"를 탐색-분석-검증하였다.

1. 서사라 목사 간증저서의 특징과 검증 평가자에게 요구되는 선행지식

서사라 목사는 자신의 간증저서를 기록하면서 어떤 특정한 교리를 의식하거나 각별한 교리의 교육을 염두에 두고 저술한 것이 아니다: 오직 구원론과 종말론에 집중하는 간증수기 특성에 부합하려는 목표를 가지고 천상의 영적 여정 속에서 자신이 주님과 함께 또는 믿음의 선진들과 나눈 대화의 내용들을 자신의 영적 통찰로서 스스로 성경말씀에 비추어 검증하는 과정을 거쳐 기록한 것이다.

따라서 서 목사의 간증저서는 기독교 교리에 대한 이해나 인식을 가르쳐 주장하기보다 무의식적으로 이들 교리들이 기술된 에피소드에 적용된 것으로 보아야 할 것이다. 다시 말해 서 목사의 저서가 기독론 교리를 체계적으로 설명하는 목적이나 내용이 아니기에 저서에 적용된 교리가 부분적으로 오해내지는 왜곡(歪曲)되게 이해될 가능성이 있는 만큼, 연구자(또는 평가자)는 검증하는 교리의 잣대 수위를 조절할 필요가 있다는 것이다. 또한 나타난 결과에 대하여 비방적인 자세로 저자와 논쟁하는 것은 큰 의미가 없어 보이며, 이해나 인식을 교정해 주는 것으로 족하다고 본다.

'하나님 나라와 천상의 영적 체험'에 대한 이해와 '적용 교리의 본질'에 대한 깊은 이해와 인식이 평가자에게도 선행적으로 요구된다: 아울러 평가자의 영적 감각의 소양과 특히 천상의 영적 체험에 대한 이해가 선행적으로 요구 된다. 이것이 없이는 이 같은 영적 체험을 간증하는 저서 내용을 분석하거나 적용된 교리에 대한 저자의 이해나 인식을 추출해 내는 것은 어렵다고 본다. 외적으로 객관화된 언어와 표현을 평가하기는 쉬운 것이나, 영적인 에피소드의 내적 깊이 스며져있는 내용과 옴니버스적인 구조 속에서 저자의 의도와 적용된 교리를 적절하게 도출하여 검증해 내는 것은 어려운 일이기에 오해(誤解)할 소지가 있다고 보기 때문이다.

따라서 하나님 나라와 천상적 영적 체험에 대한 이해나 인식의 겸비됨이 없이 신학 지식이나 교리에만 침착(沈着, Deposition)한 평가자는 표면적인 평가에 그칠 수가 있고 왜곡된 결과를 낳을 우려가 있다고 본다. 예로서 필자와 가까운 어느 교수의 경우, 서 목사의 간증저서 두 권[제1, 2권]을 읽은 후, 자신은 근본적으로 이러한 내용과 구성을 가진 저자를 신뢰할 수도 없고 그 책속에 등장하는 성경 인물들의 정체성을 부정한다는 의견을 필자에게 강하게 전해 왔다. 그는 성경과 과학적 지식에 해박하고 조직신학자이며 높은 수준의 신학과 교리를 중심으로 설교하는 부류의 학자이다. 필자는 너무도 의외적인 반응에 당황했지만 그분의 학문과 인격적 배경을 이해하고서야 위의 사실들을 깨닫게 된 것이다.

2. 연구결과의 요약과 결론

본 논문은 「천국과 지옥」간증수기(8권)의 저자인 서사라 목사의 신학사상을 평가하는 목적을 가진다. 이를 위하여 연구자는 그의 저서 중 세 권(제 2, 3, 5권)에[179] 내포된 에피소드들(Episodes)의 내용이 기존의 정통 기독론 핵심 교리 중 "그리스도의 성육신과 신·인성양성 교리"와 얼마나 부합 또는 일치하는지를 밝혀내는 일련의 에피소드 메시지 분석 연구를 진행하였다. 과제수행의 과정은 첫째(Ⅰ장), 기독교의 핵심교리(8가지 교리)에 대한 일반 개념과 그 의미를 정리하였고, 둘째(Ⅱ-Ⅲ장), 필자의 연구과제에 적용할 교리인 "그리스도의 성육신과 신·인성연합 교리"에 관한 선행 연구 자료를 체계화하였다. 셋째(Ⅳ장), 서사라 목사의 간증 저서의 에피소드들에 적용된 성육신과 신·인성 양성 교리에 대한 서 목사의 이해와 인식을 분석하였으며, 마지막으로(Ⅴ장), 적용된 교리의 분석 결과를 토대로 서사라 목사의 신학사상의 건전성 여부를 검증, 평가하였다.

1) **연구의 요약**: 본 연구에 적용된 교리는 "그리스도의 성육신과 신·인성 교리"이다. 서사라 목사가 '그리스도의 성육신(동정녀 탄생, 선재성)[180] 교리'의 이해와 적용에 있어서, 특히 그리스도의 선재성에 대한 증거 확보에 굳은 의지를 가졌던 이유는 그의 저서 제목('이제도 있고 전에도 있었고 장차 올 자 예수 그리스도')처럼 시공을 초월하는 주님의 영원한 선재성이 전제(前提)되지 않으면 그

---

179) 총 8권의 간증 저서 가운데 제2,3,5,6권 외 4권[제1권, 제4권, 제7권, 제8권 등]은 기독교 핵심교리의 종말론교리를 준거로 하는 연구자가 다루어 줄 것으로 알아 본 연구의 참고자료에서 제외하였다.

180) '동정녀 탄생과 그리스도의 선재성'은 성육신 교리의 핵심요소이다.

리스도의 신적 인격(위격)이 불투명 해 지기 때문이었다. 이 말은 성육신 교리의 이해와 적용이 단순한 것이 아니라는 것이다. 동정 녀 탄생에 있어서도 그리스도의 무죄(無罪)한 인성이어야 한다는 점에서 유사한 맥락을 가지는 것이다.

또한 '그리스도의 신·인성(양성연합, 단일인격) 교리'의 이해와 적용에 있어서도 사려 깊지 못하면 신학적 오류와 성경해석에 이단 성의 오해를 받을 우려에 노출(露出)될 수 있다는 것이다. '그리스 도의 성육신과 신·인성 교리'에 관한 적용 연구를 수행하면서 발견 한 것 하나는, 이들 교리 하나하나를 독립적으로 분리하여 인식, 적 용하는 것에 그치지 말고 궁극적으로 이러한 교리의 적용으로 말미 암아 성취되는 결과는 그리스도의 대속사역과 하나님의 구원 경륜 의 완성에 시선을 두어야 한다는 것이다. 왜냐하면 모든 기독교 교 리는 흩어져 있는 조각난 천이 아니라 한 폭의 유채화(油彩畵)에 담 긴 하나님의 걸작(傑作)이 완성되도록 각 교리가 필연적 인과관계 를 가지고 조화롭게 조직 및 연합되도록 하나님의 지혜로 이미 설 계되어 있기 때문이다.

2) 연구의 결론: 이런 관점에서, 서사라 목사의 저서에는 "성육신적 이 단성은 물론 없거니와, 신·인성 양성연합 교리"에 대한 이단성의 개연성 (蓋然性)도 전혀 없는 것으로 본 논문의 검증(檢證) 결과로서 밝히는 바 이다.

오히려, 서 목사는 그리스도의 선재성(先在性)과 신성을 깊이 이 해하며 인식하고 있음을 보여 준다 할 것이다. 본 연구를 계기로 서 목사 본인은 물론 독자들에게도 그리스도의 '성육신', 그리고 성육신의 과정적 결과와 목적이 되는 '신인양성연합'과 '그리스도의 구속사역'간의 관계에 대한 중요성 인식과 신학적 성찰에 새로운 도전을 받을 것으로 기대한다.

이에, 본 연구자는 서사라 목사의「천국과 지옥」간증 저서에 대하여, 그리스도의 성육신(선재성, 동정녀 탄생), 신·인성(양성연합, 단일인격) 교리와 개혁신학에 충실하고 영적인 내용, 신앙과 신학적 교훈이 담긴 진솔하고 건전한 저술인 것으로 평가한다. 또한 '저서는 저자의 신학사상을 담은 독자와의 매개체'라는 관점에서, 연구자의 '그리스도의 성육신과 신인양성 교리'의 안경(眼鏡)으로 관찰한 결과, 서사라 목사는 기독교 개혁신학의 정통과 교리에 저촉됨이 없는 건전한 정통 개혁주의 기독론 신학사상을 가진 하나님의 신실한 종으로 평가하는 바이다.

3. 후속연구와 결과적용을 위한 제언

1) 후속연구를 위한 제언: 본 연구의 궁극적 목적을 완성하기 위해, 금번의 개별교리별 과제연구에 이어 통합된 평가를 위한 토론과 종합적인 검증 결과물을 도출하는 후속 프로세스가 요청됨을 제언한다.

2) 독자들(Audiences)을 위한 제언: 예수님을 참으로 믿는다고 하는 사람들은 모두 다 성육신을 믿었고 그리스도의 본성(신·인성 양성연합)과 그의 인격(양성단일인격)에 관해서도 잘 이해하고 있다고 말한다. 하지만 그렇게 잘 알고 믿는다고 하는 사람들도 그리스도의 성육신 교리에서 과연 어떤 세밀한 일들이 일어났으며, 그

성육신의 함의(含意)[181]에 대해서는 깊이 생각하지 못하는 경향이 흔히 있다고 본다.

교리(敎理)를 생각 없이 너무 지나치게 나아가면 성경에서 벗어난 이단이 되고, 생각이 짧으면 비성경적으로 잘못 말하여 오해를 초래하는 결과를 낳게 되는 법이다. 본 연구물을 읽는 독자들(Audiences)은 이런 점에 주의해서 이단성에 휘몰리거나, 초보적 성경 교리에 무지하여 부지불식간에 강단에서 잘못 적용된 교리나 성경해석으로 인하여 곤욕(심한 모욕, 또는 참기 힘든 일)을 치루는 일이 없도록 교리의 중요성에 유념해야 할 것이다.

지금까지 본 연구에서 살펴본 예수님에 대한 성육신(선재성, 동정녀 탄생)과 신·인성(양성연합, 단일인격) 및 십자가 대속사역(십자가 고난과 죽으심, 부활 및 승천) 등에 관련된 교리 문제들에서 좀 더 넓은 개별 탐색과 연구의 자리로 나아가 다른 기독교 신앙 문제들에서도 우(愚)를 범하는 일이 없도록 경계할 것을 권면하면서 본 연구를 종결한다.

3) **연구자 에필로그(Epilogue):** 서사라 목사가 저술한 천상여정의 간증수기는 어떤 특정한 교리를 의식하거나 교리 교육을 각별히 염두에 두고 기술한 것이 아니라, 주님과 천상의 성경 인물들의 지도와 자신의 영적 통찰로서 보고 듣고 깨달은 에피소드를 스스로 성경말씀에 비추어 검정하는 과정을 거쳐 기록한 것이다 (The episodes were recorded through the process of self verifying them in the light of the Bible). 따라서 서 목사의 간증저서는 기독교 교리에 대한 이해나 인식을 직접 말하고 주장하기

---

181) 말이나 글에서 겉으로 드러난 것 외에 속으로 어떤 의미를 담고 있음, 또는 그 의미를 뜻함

보다 무의식적으로 에피소드를 기술하는 과정 속에서 교리들이 저서 속에 적용된 것으로 보아야 할 것이다.

그럼에도 불구하고 연구자가 서 목사의 저서 속에 적용된 교리들을 각각의 에피소드로부터 추출하고 그것들의 내용을 분석하면서 발견한 것은, 이 모든 것들이 후일에 누군가에 의하여 이 같은 교리의 적용 연구가 수행될 것에 대비하여 주님께서 미리 아시고 준비해 둔 느낌을 가지게 된 것이다.

이 뿐만 아니라 이들 각각의 교리가 한 조각의 천위에 그려진 단편의 수채화(水彩畵)가 아니라 커다란 화폭 위에 하나님께서 인간 구원의 유채화를 그리시는 데 각각의 교리들을 '변화감과 균형감 그리고 통일성' 있게 사용하심으로써 비로소 하나님의 걸작(Masterpiece), 곧 그리스도의 구속사역이 완성되었다는 영감(Inspiration)을 받게 되었다. 이 얼마나 신비하고 놀라운 주님의 은혜인가!

할렐루야! 모든 것 하나님께 영광!

[Abstract]

A Critical Study on Rev. Sarah Seoh's Theological Thought from the Perspective of "the Incarnation of Christ and His Diety-Humanity Natures" Doctrine.

by Pastor, Dr. Seo, Young Gon

The purpose of this study is to evaluate the theological thought and ideas of Pastor Sarah Seoh, the author of the heaven and hell testimony books. The research method is to analyze the episodes contained in the work of her testimony books with the glasses of Christianity essential doctrines, and infer Pastor Seoh's theological ideas, focusing on the results. The eight doctrines used by the Christian Research Institute(CRI) in the United States as an analysis tool for the work include **Diety of Christ, Original Sin theory, Canon of Scripture, Trinity theory, Resurrection, Incarnation, New Creation and Eschatology.** The implementation procedure of the study was to conduct evaluation studies individually using the doctrines shared by each researcher and then confirm the verification results through a comprehensive discussion process. This paper has the nature of organizing the implementation of evaluation studies and results by each sector.

The Doctrine applied as an evaluation tool or criterion chosen by the researcher is the Doctrine of [Christ's Incarnation and his Diety-Humanity Natures]. First, the contents of this project outline the general concept and meaning of the eight core doctrines of Christianity, and second, the preceding research data on the doctrine of "Christ's Incarnation and his Divinity-Humanity Nature" to be applied to my research project were reorganized around theory. Third, the contents and meaning of Episodes contained in Pastor Sarah Seoh's testimony book were analyzed from the perspective of applied doctrines, and finally, based on the analysis results, the soundness of Pastor Sarah Seoh's theological thought was verified.

As a result of the performance of the research project, Pastor Sarah Seoh's book is applied with the correct understanding and perception of "the Doctrine of Christ's Incarnation and his Diety-Humanity Natures", so there is no probability of heresy related to this doctrine.

Rather, Pastor Seoh shows that he deeply understands and recognizes the priorities and divinity of Christ in a meaningful way. As an opportunity for this study, it is expected that the pastor Seoh himself and his readers will be challenged by the importance of relationship between

Christ's [Incarnation and his Divinity-Humanity nature] and which is the result, the Christ's Redemption ministry on the Cross.

Accordingly, this researcher evaluates Pastor Sarah Seoh's Book of Testimony of Heaven and Hell, as a sincere and sound writing consisting of messages containing faith and theology issues, very faithful to the Doctrine of [Incarnation of Christ and His Diety-Humanity Natures]. In addition, since the book of testimony is a medium of the author's theological ideas, as a result of the researcher's observation with the glasses of [Incarnation of Christ and his Diety-Humanity Nature Doctrine], Pastor Sarah Seoh is considered to be a faithful servant of God with a sound [orthodox reformist Christian theology] that does not violate the orthodoxy and Bible doctrine. The end.

Hallelujah! Soli Deo Gloria!

- Keywords: Sarah Seoh, Theological thought, Incarnation of Christ, Diety of Christ, Humanity of Christ, Union of Divinity-Humanity, Heaven and Hell testimonial books.

참고 문헌(Bibliography)

Hank Hanegraaff. ESSENTIAL Christian D-O-C-T-R-I-N-E. Charlotte, 2009.

서사라,「이제도 있고 전에도 있었고 장차 올 자 예수 그리스도」, (하늘빛출판사, 2020). [제1권]

서사라,「이제도 있고 전에도 있었고 장차 올 자 예수 그리스도」, (하늘빛출판사, 2016). [제2권]

서사라,「이제도 있고 전에도 있었고 장차 올 자 예수 그리스도」, (하늘빛출판사, 2019), [제3권]-성경편 1-창세기

서사라,「이제도 있고 전에도 있었고 장차 올 자 예수 그리스도」, (하늘빛출판사, 2016), [제4권]-성경편 2-모세편

서사라,「이제도 있고 전에도 있었고 장차 올 자 예수 그리스도」, (하늘빛출판사, 2020), [제5권]-성경편 3-계시록이해

서사라,「이제도 있고 전에도 있었고 장차 올 자 예수 그리스도」, (하늘빛출판사, 2020). [제6권]-지옥편

서사라,「이제도 있고 전에도 있었고 장차 올 자 예수 그리스도」, (하늘빛출판사, 2020). [제7권]-성경편 4-하나님의 인

서사라,「이제도 있고 전에도 있었고 장차 올 자 예수 그리스도」, (하늘빛출판사, 2020). [제8권]-구약편 1-여호수아와 사사기

서사라,「이제도 있고 전에도 있었고 장차 올 자 예수 그리스도」, (하늘빛출판사, 2022). [제9권]-구약편 2-룻기, 사무엘상하, 열왕기상하, 역대상하

서사라,「영성훈련교재 영혼과 영성 I -IV」(1-16권), (서울: 도서출판 나눔사, 2019).

A.M. 렌위크, A.M. 하만,「간추린 교회사」오창윤 역, (생명의 말씀사, 1979).

A.H. Strong, Systematic Theology, (Judson,1976).

G.L. 윌리암슨(나용화 옮김),「웨스트민스터 신앙 고백서 강해」, (서울:

개혁주의신행협회, 1990).

J. L. 니브, O. W. 헤이크, 서남동 역,「기독교신학사」, (대한기독교서회, 1995).

John Calvin, 김종흡, 신복윤, 이종성, 한철하 공역,「기독교강요」, (서울: 생명의말씀사, 2009).

Raoul Dederen, 남대극 외 (역),「교리 신학 핸드북」, (서울: 한국연합회 성경연구소, 2019).

I.C. 헤넬 엮음, 송기득 옮김, 「폴 틸리히의 그리스도교 사상사」, (한국신학연구소, 1983).

M. J. Erickson, Introducing Christian Doctrine ,(Baker Book House).

J. Gresham Machen, The Christian Faith in the Modern World, (Grand Rapids: Erdmans, 1936 [1965]).

권호덕 외 2인,「성경과 영적 체험: 서사라 목사의 신학평가」,(충북: 하늘빛출판사, 2021).

권호덕 역,「하이델베르크신아교육서」, (도서출판 Th & E, 2020).

김성린,「기독교 교리개설」, (개혁주의신행협회, 1988).

김영규,「엄밀한 개혁주의와 그 신학」, (서울: 도서출판 하나, 1998).

김영규.「17세기 개혁신학」, (경기: 안양대 신학대학원, 2000).

김영규.「어거스틴의 삼위일체론」, (경기: 안양대 신학대학원,1999).

김영규.「칼빈에게 있어서 오직 성경」,『神學正論』제11권 2호, (수원: 합동신학교, 1993).

김의환.「개혁주의 신앙고백집」, 2003.

김장진,「기독론개혁주의」, (고려신학원, 1996).

루이스 벌코프, 「기독교 교리사」 신복윤 옮김, (성광문화사, 1979).

리 스트로벨(윤관희, 박중렬 역),「예수는 역사다」, (두란노서원, 2017).

바빙크, 헤르만,「개혁주의 교의학1」, 김영규 역, (서울: 크리스챤다이제스트, 1998).

박형룡,「조직신학 2권, 신론」, (서울: 개혁주의츰판사, 2017).

박윤선,「개혁주의 교리학」, (서울: 영음사, 2003).

박아론,「현대신학연구」, (기독교문서선교회, 1989).

루이스 벌코프 저(권수경, 이상원 역),「벌코프 조직신학下」, (서울: 크리스챤다이제스트 출판사 1991).

밀라드 J. 에릭슨, 홍찬혁 역,「기독론」, (기독교문서선교회, 1991).

서영곤,「기독교의 본질에 관한 신학적 고찰」, (웨스트민스터신학대학원대학, 2010).

서영곤 외,「성경해석의 새 지평」, (충북: 하늘빛출판사, 2020).

서영곤,「새로운 피조물 교리관점에서 본 서사라 목사의 신학사상 평가」, (나눔사, 2022).

송용조 저,「조직신학 강의」, (서울성경학교출판사, 1993).

교리강해연구회,「신학총론편」, (선린신학연구소, 1994).

신약성경 Recovery Version(회복역), (한국복음서원, 2007).

이형기,「모더니즘과 포스트모더니즘 그리고 기독교신학」,(장로회신학대학교출판부, 2003).

임만호,「그리스도의 사역과 죽음 III, 약속 그리고 구원」, (서울: 크리스챤서적, 1986).

조영엽 저,「기독론」, (기독교문서선교회, 1993).

제임스 M 로빈슨(소기천 역),「역사적 예수에 대한 새로운 탐구」, (살림, 2008).

폴 엔스, 최치남 역,「신학핸드북」, (생명의 말씀사, 1994).

하문호 저, 「교의신학 기독론」, (도서출판 그리심. 2002) .

황규학,「장신대 죽은 신학의 사회」, (서울: 에셀나무, 2021).

허호익,「신앙, 성서, 교회를 위한 기독교 신학」, (도서출판 동연, 2009),

- 한국교회연합(사),「삼위일체 및 특별계시 세미나」, (서울: 바른신앙수호위원회, 2019.3).

- 2021년 11월 14일 주일예배강해설교:「예수 그리스도 그분은 여호와 하나님이다」중에서, (출처: 네이버, 바른교회, 2022. 5. 28. 21:29 올림).

- Webster's third New Dictionary edited by Philip B. Gore(사전).

- Longman Synonym Dictionary, by Laurence Urdang(사전).

- The Westminister Dictionary of Christian Theology edited by Alan Richardson and John Bowden(사전).

[부 록]: 정통 개혁주의 [그리스도의 신·인성 교리]에 대적하는 이단주의 정리

2000년 기독교 역사 속에서 그리스도의 신성과 인성 교리를 거역하고 파괴하는 소위 이단적 요소들에는 어떤 것들이 있었는가에 대하여 기본적으로 크게 세 그룹으로 분류할 수 있다. 이러한 분류는 오해된 예수, 즉 자기중심적인 그리스도를 아는 이단들의 내용들로서, 예수 그리스도의 본성(Nature)과 인격(Person)에 대한 오류, 오해 및 이단으로 빠졌던 세 부류의 종파에 관한 논의로부터 전개하고자 한다.

첫째, 유니테리언(신성 거부론 자): 성경 말씀(빌2:6)은 그리스도를 참 하나님이라 증거 하는데, 이들은 그것이 아니라 예수의 신성, 곧 그리스도의 참 하나님이심을 부인하는 부류이다. 이들은 "하나님은 한 분이시기(그들은 삼위일체하나님을 거부하고 일신론을 주장하기 때문)에 예수는 결코 또 다른 하나님이 될 수 없다"고 믿는 자들이다. 이들에게 예수는 신(하나님)이 아니고 단지 인간(사람)일 뿐이라고 말한다. 그는 인간인데, 어느 순간에 하나님이 그에게 임하셔서 메시아적인 사명을 감당토록 한 것이라고 주장한다. 이들을 '유니테리언'(Unitarian, 유일신론자)라고 명명한다. 이들은 일신론(一神論)을 주장하기에 성령 하나님이나 성자 예수님, 즉 예수 그리스도의 신성을 전면적으로 부인하는 부류인 것이다[예수는 인간일 뿐!].

둘째, 터툴리언(인성 거부론 자, 가현설): 또 다른 한 극단에 서 있는 부류로서의, '터툴리언'(Tertullian, 가현설 또는 기독환영설)이 있다. 이들은 예수 그리스도의 인성을 부인하는 자들인데, 예수 그리스도가 세례를 받을 때의 어느 순간이나 그가 십자가에서 죽었을 때 하나님의 신이 내려와 잠시 인간의 모습으로 가현(假現)[182] 또는 환영(幻影)된 것이라 말한다. 그리고 그가 하나님처럼 보일지 모르지만 그는 그냥 인간일 뿐이라고 주장한다[예수는 잠시 하나님의 모습으로 세상에 가현한 인간일 뿐].

현대사회에서 예수가 신이라는 '신성'을 받아들이기가 어려운 시대에 살고 있지만, 초대교회 때에는 하나님의 존재에 대해 누구도 부인하지 않았으며 그런 사상으로 충만하였다. 그래서 그 당시의 사람들은 하나님이 이 추하고 연약한 한계적 인간의 모습으로 세상에 오신다는 것은 믿어지기 어려운 시대였던 것이다.

셋째 부류인, 아리우스파(유사하나님, 신성 부정): 그리스도의 신성을 인정하되 완전한 하나님은 아니고 단지 유사할 뿐이라고 하여 결국 그의 신성을 부정하는 부류이며 강력한 이단의 부류로 분류된 '아리우스파'(Arianism, 유사신성주의자)에 속하는 자들이다. 그들은 예수 그리스도를 제 2위격의 하나님은 아니지만 독특한 존재로 본 것이다. 즉, 하나님과 유사한 본질의 가치를 가진 예수 그리스도는 신성의 완전한 것을 가진 것은 아니라는 것이다. 결국은 그리스도는 완전한 하나님은 아니라 '유사하나님' 또는 '유사 신성'이라는 것이다[예수는 하나님과 유사한 인간으로 간주함].

---

182) 가현(假現), 가현설적 기독론(Docetism): 외견상으로 사람으로 보인 것뿐이지, 실제로 육신을 입은 것이 아니라는 이론이다. 가현설은 물질은 악하며 참으로 존재하는 것이 아니라고 보는 헬라사상에 근거하여 예수님이 육체를 가졌을 경우, 그의 신성에 손상이 갈 것이라는 우려에서 나온 주장이었다. 그렇지만 그것은 [그리스도의 성육신]을 무의미하게 만들기 때문에 이단으로 정죄 받게 되었다. 사도 요한은 [요일4:2-3]에서 "이로써 너희가 하나님의 영을 알지니 곧 예수 그리스도께서 육체로 오신 것을 시인하는 영마다 하나님께 속한 것이요 예수를 시인하지 아니하는 영마다 하나님께 속한 것이 아니니 이것이 곧 적그리스도의 영이니라...."고 언급한 것은 [가현설]을 염두에 두고 한 말이다.

1) 예수 그리스도의 양성연합(단일인격)에 관련된 고대(초기교회)의 이단설(異端說) 정리

예수 그리스도의 인격에 관한 잘못된 개념들을 주장하는 이단설들이 초대교회 시대(주후1세기로부터 5세기)에 발산되었으며 이 이단설들은 추후 여러 형태의 이단종파들을 통하여 오늘에 이르기까지 영향을 주고 있다. 이러한 예수 그리스도의 인격에 대한 잘못된 이단설들을 다음과 같이 정리한다.

(1) 도케티파(Docetism, Doketismus): 그리스도의 인성(人性)을 부인, 도성인신을 부인

도케티주의란 도케오(to seem, to appear: 보여진다, 나타난다)라는 동사에서 나온 명칭이다(눅10:36, 행17:18 등). 이 단어의 중심사상은 예수님이 참사람은 아니고 다만 사람처럼 보였다는 것이다. 예수님은 인간적인 존재라기보다는 유령(ghost)과 같은 하나의 환영(幻影, Apparition)이라는 것이다.[183] 1세기 후반기에 말시온파, 2세기의 그노시스파, 3세기의 마니교들은 주장하기를 "그리스도는 실제적 사람이 아니라, 헬라의 신화에서와 같이 사람의 모양으로 나타나신 것뿐이다"라고 하면서 예수 그리스도의 인적 실체의 실재성 즉 인성(人性)을 부인하였다. 그 이유는 물질은 고유적으로 악하다는 헬라인들의 이원론적 영지주의 철학사상에 기인하였기 때문이다. 그들은 그리스도의 성육신의 개념이란 하나님이 볼 수 있는 형태로 나타나셨다는 것을 의미하며, 영과 육신의 직접적인 접촉을 반대하였다. 또한 도케티파는 예수 그리스도는 마리아를

---

183) J. F. Bethune Baker, An Introduction to the Early History of Christian Doctrine 〈London: Methuen, 1903〉, p. 80.

통하여 태어나되 오직 하나의 운송수단 뿐이었다. 다시 말하면 예
수님은 마리아의 복중에 9개월 동안 임신하였다면 그 동안 마리아
에게 어떠한 물질적 공급을 받았을 것이며 그럴 경우에는 신성이
지닌 도덕성을 타락시키는 일이 될 것이 되기 때문이라고 반대하였
다.[184]에비온파는 예수 그리스도의 신성을 부인한 반면에 도케티파
는 예수 그리스도의 인성 즉 도성인신(道成人身)의 실재성을 부인
하였다. 사도 요한은 그들의 거짓 교훈을 [요한일서 4:1~3]에서 지
적하고 책망하였으며 2세기초 교부 이그나시우스와 이레네우스도
그리스도의 인성을 부인하는 도케티파의 이단설을 반대하였다.

(2) 에비온파(Ebionism): 유대인 기독교인, 예수의 신성(Deity)과 선재 그리고 동정녀 탄생을 부인함

　　2세기의 에비온 이단은 예수는 요셉과 마리아의 자연적 육신
의 아들로 태어났다고 주장하면서 예수 그리스도의 동정녀 탄생 그
리고 그의 신성과 선재를 부인하였다. 그들은 또 주장하기를 예수
는 모세의 율법을 완전히 성취하였음으로 하나님께서 그를 메시야
로 선택하였다. 그런데 메시아적 양심은 그가 세례를 받을 때 동시
에 성령을 받을 때 임하였다고 하면서 세례는 예수의 생애 중 가장
중요한 사건이라고 말한다. 에비온파는 유대인 그리스도인들로서
[185] 유일신주의 곧 단일신론(Monotheism)를 주장하였다. 그 결과
그리스도의 신성을 부인하게 되었다. 도케티파가 예수님의 인성(人

---

184) Ibid. p. 81.
185) 허호익, 「신앙, 성서, 교회를 위한 기독교 신학」, 도서출판 동연, 2009, pp. 57-58. 유대 사상에 근거해 그리스도의 신성을 약화시키고 인성을 고집함으로써 **그리스도를 다만 신격화된 인간에 불과**하다는 [**에비온파**]가 등장했다. 이런 상황에서 사도교부인 이그나티우스(Ignatius, 35-107년경)는 그리스도의 신성과 선재(先在)를 명확히 했고, 이레니우스(Irenaeus, 97-147년경)는 그리스도의 도성인신(道成人身) 곧 하나님의 말씀의 성육신을 강조했으며, 유스티누스(Justinus, 100-167년경)는 로고스 기독론을 주장했다.

性)을 부인한 반면에 에비온파는 예수님의 신성을 부인하였다.

(3) 네스토리안파(Nestorianism): 그리스도의 양성 연합이 아닌, 분리 (Divine and human)를 주장(그리스도의 양성 연합을 부인함)

네스토리안파(네스토리우스주의) 이단은 그리스도를 양성 (Deity and humanity)으로 분리하였다. 네스토리우스는 설명하기를 예수 그리스도는 이성(양성) 연합의 형태 또는 나타남(Form or appearance)이라고 하였다. 즉 신인의 그리스도(divine-human Christ)로 만드는 대신에 신과 인(divine and human)의 그리스도로 만들었다. 네스토리안파는 초기 아리안주의(그리스도의 신성의 완전성 부인)를 반대하고 그리스도의 완전한 신성을 변호하되 그의 참된 인성을 부인함 없이 하려는 노력에서 그리스도는 실제로 神人 2위(두 인격)라는 교리로 발전되었다. 네스토리안파는 신성과 인성의 연합을 인정하지 않았으며, 연합보다는 연결 (Conjunction)이라는 표현을 사용하였다.[186] 그리하여 네스토리안파는 그리스도 안에 2성의 진정한 연합을 부인하였다. 네스토리우스 콘스탄티노플 대감독은 에베소회의(A.D. 431년)에서 이단으로 정죄 받았다. 그와 같은 결정을 하게 된 것은 알렉산드리아의 키릴루스(Cyrillus, 376-444년)의 영향이 컸다.[187]

(4) 아폴리나리안파(Apollinarism): 그리스도의 인성의 완전성 부인

4세기의 젊은 아폴리나리스는 아리안주의의 그리스도의 신성의 완전성 부인에 강력히 반대한 나머지 그 반동으로 그리스도의 인

---

186) A.B.Bruce, The Humiliation of Christ in its Physical and Official Aspects, pp.50-51
187) Kelly, Early Christian Doctrines, p. 311.

성의 완전성을 부인하게 되었다. 그는 가르치기를 그리스도는 신체와 영혼을 가지고 있으며, 인간의 영을 대신하여 로고스를 가지고 있는데 이 로고스가 인간의 몸과 혼을 주관한다고 주장하였다.그는 또 주장하되 그리스도는 신체는 가지셨으나 그 신체는 어떤 방식으로 매우 승화되어 거의 사람의 신체가 아니었다고 하였다. 이와 같이 그는 사람의 몸, 혼 , 영의 3요소로 구성되었다고 하는 이방 헬라인들의 3분설의 개념을 수용하여 그리스도의 인성을 축소하였다. 아폴리나리안파는 도케티파만큼 예수님의 인성을 전면 부인하지는 않았으나 실질적으로는 예수님의 인성을 부인한 것은 마찬가지이다. 아폴리나리스의 이단설은 콘스탄티노플회의(A.D. 381년, The Council of Constantinople)에서 정죄되었다.

(5) 아리안파(Arianism): 그리스도 신성의 완전성을 부인함(하나님과 유사한 신성 주장)

4세기 알렉산더의 사제인 아리우스(Arius, A.D.336)와 초대교부 아타나시우스 사이에는 그리스도는 하나님과 동질인가, 아니면 유사인가? 라는 중요한 교리적 논쟁이 일어났다. 아리우스는 주장하기를 예수가 태어난 이상 시작이 있어야 한다고 주장하면서 예수의 신성은 하나님과 유사하나 동질은 아니라고 하였다. 그들은 또한 그리스도는 하나님도 아니요, 반면에 사람도 아닌 하나님과 사람 사이에 위치한 사람으로 지음을 받은 자들 중에는 가장 위대한 피조물이라고 하였다. 아리안파는 예수 그리스도의 영원성, 신성의 완전성을 부인하였다. 아리안파는 예수 그리스도의 도성인신(道成人身, the Word become flesh)의 참 진리를 바로 깨닫지 못하였기에 이 같은 이단설을 주장한 것이다.니케아 회의(325)와 콘스탄티노플회의(381)에서는 예수 그리스도는 하나님으로서 성부 하나님과 동일한 본질(same essence)을 가지셨다고 결의하고 아리우스의 이단설을 정죄하였다.[188]

(6) 유티키안파(Eutychianism): 그리스도의 양성의 혼합(신인혼합의 단일성)을 주장

유티키안(378-454)파는 네스토리안파(그리스도의 양성 연합을 부인함)를 반대하여 그리스도 안에 오로지 신성의 단성만이 있다고 가르쳤다. 즉 신성이 완전한 신성이 아니며, 인성도 완전한 인성이 아니라, [신인혼합의 단일성]이라는 것이다. 유티키안파는 그리스도의 인성이 신성에 흡수되어 이성(二性)이 흡수혼합 되어 일성(一性)으로 만들어졌다. 즉 그리스도의 인성(人性)은 부인되고 신성(神性)만을 강조하였다. 그것은 그리스도 안에 양성의 연합을 부인하는 단일성(單一性)의 오류를 범한 것이다. 결국 유티키안파(유티커스주의)는 칼케톤회의(A.D. 451년)에서 정죄되었다.[189]

2) [그리스도의 신성과 인성]에 관한 논쟁의 역사 고찰: 초대교회 이후, 칼케돈 공회 이전

기독론에 대한 논쟁은 초대교회 이후 현재까지 계속되어지고 있

---

188) 오늘날의 이단 **아리우스파** 형태: 비록 아리우스파가 니케아 공의회(AD 325년)와 그 이후의 공의회에서 비난을 받았지만, 여전히 오늘날에도 다양한 형태로서 우리 가운데 그 아류가 남아있다. 꽤 알려진 총체적인 **아리우스파**의 변이는 [**여호와의 증인**]으로 볼 수 있다.

189) G.L. 윌리암슨, 나용화 옮김, 「웨스트민스터 신앙 고백서 강해」, 1990. p. 126.[칼케돈 총회] 이후에 **유티케스**의 견해는 단성론/단의론으로 무장되어 여전히 지지를 받아 2세기 동안 지속되기는 했으나 **제3차 콘스탄티노플 공의회(681년)**는 '비록 인적 의지가 신적 의지에 종속된다 하더라도 그리스도에게는 **두 본성적 작용과 두 의지가 존재한다**'고 선언함으로써 [**유티케스와 네스토리우스**]의 주장을 정죄했다. 결국 기독론 논쟁은 [칼케돈 총회와 콘스탄티노플 공의회]에서 종결되었다고 본다.

다. 기독론 논쟁이라 하면 한마디로 말해서, 예수께서 승천하시고 그리스도를 직접 만나보지 못했던 사도 후 시대의 여러 교부들이 그 당시의 여러 정황들을 확인하면서 교리를 정립하는 가운데 일어난 논쟁들을 말한다. 본 장에서는 본 연구의 준거(準據)로서의 교리인 기독교 역사상에 있었던 그리스도의 신성과 인성에 관련한 논쟁에 대하여 시대적으로 정리하고자 한다.

(1) A.D 1세기 말부터 2세기경까지 사도교부들은 엄밀한 의미의 기독론을 전개하지는 않았으나 간결하게 그리스도의 신성과 인성을 증거하였다. 특히 이 시대에 육체를 무시하는 헬라의 인간관에 근거해 예수께서 육체로 오신 것이 실재가 아니라 외견상 환영(幻影)이라는 [영지주의자]들에 의한 가현설(假現說)[190]이 등장했고, 또 다른 면에서 [유대 사상]에 근거해 그리스도의 신성을 약화시키고 인성을 고집함으로써 그리스도를 다만 신격화된 인간에 불과하다는 [에비온파]가 등장했다.[191]

이런 상황에서 사도교부인 이그나티우스(Ignatius, 35-107년경)는 '그리스도의 신성과 선재성(先在性)'을 명확히 했고, 이레니우스(Irenaeus, 97-147년경)는 그리스도의 도성인신(道成人身) 곧 하나님의 말씀의 '성육신'을 강조했으며, 유스티누스(Justinus,

---

190) **영지주의와 가현설**: 예수 그리스도가 지상에 사실 동안에 가졌던 육체는 진짜 육체가 아니고 진짜처럼 보였다고 주장하고 , 또 그리스도는 십자가에서 이 몸을 떠났다고 하며 십자가에서 죽은 하나님의 아들 그리스도가 죽은 것이 아니고 인간 예수가 죽었다고 주장하는 이단교리.

191) 허호익, 「신앙, 성서, 교회를 위한 기독교 신학」, (도서출판 동연, 2009). pp. 57~58. **양자론과 가현설의 양성론 논쟁**: 에비온파는 '하나님은 한 분'이라는 쉐마(신6:5)에 따라 유일신 신앙을 강조하는 유대교 전통을 버리지 않고 수용하였기 때문에 예수가 하나님의 아들 또는 하나님이라는 신앙을 수용하면 하나님이 2분이 되는 이신론에 빠진다고 보았다. 그래서 예수는 자기들과 똑같은 다윗의 후손인 유대인으로 태어났으나 율법을 새롭게 해석하고 철저히 실천하였으므로 세례 시 하나님의 아들로 인정받아 하나님의 양자가 되었다는 양자설을 주장하여 그리스도의 선재성과 완전한 신성을 부정하기에 이르렀다.

100-167년경)는 '로고스 기독론'[192])을 주장했다.

(2) **A.D 2세기 말부터 3세기 중엽**에 걸쳐 알렉산드리아 학파 (클레멘스, 오리게네스)와 북아프리카 학파(터툴리아누스, 키프리아누스) 등이 일어나면서 '로고스 기독론'을 발전시켰다. 특히 터툴리아누스(터툴리안, Tertullianus, Tertullian, 160-225년경)는 '삼위일체'라는 말을 처음 사용하면서 삼위일체론과 관련해 기독론을 전개했고, 그리스도의 무죄성을 구속론적으로 설명했으며, 인격(人格)과 본질(本質)이라는 용어를 사용하였다. 또 오리게네스(Origen, 185-254년경)는 아버지로부터의 아들의 출생을 '영원한 출생'으로 보아 시간적 시작을 의미하는 출생이라는 말의 한계를 극복했다. 이로서 아들(성자)은 아버지(성부)에게 종속적이기는 하나 영원자이신 하나님이 되시는 것이다.

(3) **4,5세기에 들어** 기독론 논쟁은 극렬해지기 시작했는데, 그 중심에는 오리게네스 학파의 분열 곧 좌익의 아리우스파와 우익의 아타나시우스파 사이의 갈등이 있었다. 아리우스는 아들(성자)과 성부 하나님은 이질적(異質的) 존재로 보고, 아들은 단지 피조물에 불과하다면서 그의 신성을 한정(限定)하였다. 이에 대해 콘스탄티누스 황제가 주선한 니케아 공의회(325년)에서 "아들인 그리스도는 아버지인 하나님과 동질 곧 본질을 같이 한다"고 주장한 아타나시우스의 주장을 채택하고 아리우스파의 견해를 정죄했다.

---

192) [요1:14] "말씀이 육신이 되어 우리 가운데 거하시매 우리가 그 영광을 보니 아버지의 독생자의 영광이요 은혜와 진리가 충만하더라"(요1:1-3 참조)[로고스 기독론]: "말씀" 곧 로고스가 하나님이셨고, 말씀이 육신이 되었다는 요한복음 서두의 이 말씀만큼 후대 신학에 영향을 끼친 말씀이 별로 많지 않다는 주장이 있다. 로고스 개념은 당대 그리스도교 밖 지식인들과의 대화의 물꼬를 트는 열쇠가 되었다. 또한 대내적으로 지배적인 컨셉이 되어 그 정체와 위상에 대하여 활발한 논의가 이루어졌다. 특히 2-3세기에 활발한 전개되었다.

4세기 말경에는 라오디게아의 주교인 아폴리나리우스 (Apollinarius)가 아리우스에 반대하고 그리스도의 완전한 신성을 강조하기 위해 그분의 육체와 혼은 인간이었으나 이성적인 영은 하나님의 로고스로 대체되었다고 주장함으로써 그리스도는 완전한 인간이 아닌 불완전한 인간에 불과하다고 주장했다. 이것은 제1차 콘티노플 공의회(381년)에서 배척되었다.

(4) 5세기에 들어 안디옥 학파의 네스토리우스(Nestorius)는 아폴리나리우스에 대한 반동으로 그리스도의 신성과 인성의 구별[193]을 지나치게 강조한 나머지 한 인격 안에서의 통일성을 위태롭게 하여 알렉산드리아의 키릴루스(Cyrillus, 376-444년)로부터 격렬한 공격을 받았고 결국 에베소공의회(431년)에서 정죄되었다.

이와는 대조적으로 콘스탄티노플(Constantinople) 근교의 어느 수도원장이었던 유티케스(Eutyches, 378-453년)는 네스토리우스에 대한 반동으로 양성의 통일과 혼합을 주장함으로써 인성이 신성에 흡수되어 버리는 결과를 초래했다. 이에 대해 칼케돈 총회

---

193) 벌코프(Louis Berkhof)는 당시 그릇된 교리를 주장하였던 네스토리우스와 유티케스에 관해서 다음과 같이 잘 요약하여 설명해 주고 있다. "몹수에스티아의 데오도레(Theodore of Mopsuestia)와 네스토리우스는 그리스도의 완전한 인성을 강조했고, 그 안의 로고스의 내재를 신자들도 정도 차이는 있지만 똑같이 누리는 단순한 도덕적 재주로만 이해했다. 그들은 그리스도 안에서 하나님과 함께 사람을, 곧 하나님과 연합하고 하나님의 목적에 동참하지만 단일한 인격적 생명의 하나 됨에서는 그와 하나가 아닌 사람을 보았던 것이다. 즉, **두 인격으로 구성된 한 중보자로 보았다**"

(451년)[194]에서는 그를 정죄하고 '그리스도는 참 하나님이시며 참 사람'이라고 선언하고 "신인 양성은 혼합되지 않으며 분리되지 않는다"는 사실을 천명(闡明)함으로써 정통파 신·인성 교리의 기초를 세웠다.

칼케돈 총회 이후에 유티케스의 견해는 [단성론과 단의론]으로 무장되어 여전히 지지를 받아 2세기 동안 지속되기는 했으나 제3차 콘스탄티노플 공의회(681년)는 "비록 인적 의지(意志)가 신적 의지에 종속된다 하더라도 그리스도에게는 두 본성적 작용과 두 의지(意志)가 존재한다"고 선언함으로써 유티케스와 네스토리우스의 주장을 정죄했다. 결국 기독론 논쟁은 칼케돈 총회와 콘스탄티노플 공의회에서 종결되었다고 볼 수 있다.

3) 그리스도의 양성 교리에 관련된 현대 이단들의 반대론 정리: 칼케돈 회의 이후

(1) 교회 내의 양성 교리 반대론의 역사적 배경

칼케돈 회의(AD 451년) 이래 교회는 그리스도의 양성 교리를 신앙으로 고백해 왔다. 이 회의는 인간인 동시에 하나님인 위격(位格)에 대한 문제점을 완전히 해결하지 못한 채 당시 이단들의 오류

---

194) **칼케돈 회의(451년) 소집 원인:** 에베소회의가 끝난 후에도 계속하여 문제가 꼬리에 꼬리를 물고 일어났다. 그것은 네스토리우스를 이단이라고 배척한 시릴 당 중에서도 다른 의견이 나오게 되었던 것이다. 그것은 콘스탄티노플 근교의 수도원 원장인 **유티케스(Eutyches)**가 신인양성의 연합을 지나치게 강조한 나머지 양성의 구별을 어렵게 만든 것에도 원인이 있었다. 즉, **유티케스에 의하면 성육신 때 그리스도의 양성(신성, 인성)은 하나의 신인단성(Monophysitism)으로 연합되어 버렸다는 것이다.** 이 같은 단성론은 쉽게 함정에 빠지게 되었다. 이같은 극렬한 싸움을 중재하려고 로마 감독으로 있던 '레오'(Leo I)의 주선으로 451년에 데오도시우스 후임인 매제 '마크리누스'(Macrinus)의 명으로 '칼케돈 회의'가 소집되었다. **이 칼케톤회의에는 630명의 감독이 참석했다.**

(誤謬)로 분명히 인정되는 몇몇 해결책을 타개한 것이다. 그 이후 교회는 그리스도의 단일 위격의 양성(兩性單一人格) 교리를 받아들인 것이다. 이 교리는 인간 이성의 이해를 초월하는 신앙 조항으로서 교회 내에 존속한 것이다.

그러나 르네상스(Renaissance) 이후 18세기 계몽사조(Enlightment)로 말미암아 등장한 인본주의(Humanism) 풍조가 완연한 18세기말부터 그리스도의 양성 교리는 집요한 공격의 표적이 되어 왔다. 이른바 이성의 시대가 도래 하였고, 이 때부터 인간 이성에 명백히 위배되는 성경의 권위를 받아들이는 것은 전혀 무가치한 것으로 선언되었다. 이 새로운 판관(判官)에게 호감을 주지 못하는 것들은 오류(誤謬)로 간주되어 간단하게 난도질당하였던 것이다.

철학자와 신학자들은 각기 별도로, 양성 교리를 대신할 만한 사상을 교회에 제공하기 위해 그리스도가 제기한 문제점의 해결에 주력했다. 그들은 인간 예수를 출발점으로 삼았는데, 한 세기 동안의 심혈을 기울인 연구의 결과는 예수에게서 신적요소를 갖춘 일개 인간을 발견하는 데 그쳤다. 그들은 예수를 그들의 주(主)와 하나님으로 인식하는 데까지는 이를 수 없었던 것이다.

(2) 현대의 그리스도의 신성 반대론(反對論)자들: 슐라이에르마허-리츨-하르낙-부세 등

예수의 신성에 관한 정상적인 이론, 특히 개혁주의 입장에서 본 그리스도 신성과 대립하는 현대의 이론이 많다. 현대 자유주의신학자인 슐라이에르마허(Schleiermacher)의 이론이 있다. 그의 주장은 예수는 단지 사람이었으나, 사람으로서 예수는 신적 임재로 가득차 있었던 것이란 이론이다. 이 이론은 여러 가지 양상으로 영향을 미치며 오늘날 널리 유포(流布)되어 있다. 슐라이에르마허는 그리스도를 지고한 신의식(神意識)의 소유자로, 리츨은 신적 가치를 지닌 인간으로, 벤트(Wendt)는 하나님의 부단한 내면적 사랑의 교제를 나누는 인간으로, 바이쉴락(Beyschlag)은 신성으로 충만한 인간으로 묘사했다. 그러나 결국 이들에게 있어서 그리스도는 신성이 아닌 단지 일개 인간(인성)으로만 남는 것이다.

오늘날 하르낙(Harnack)으로 대표되는 자유주의 학파, 바이스와 슈바이처로 대표되는 종말론 학파, 좀 더 최근의 부세(Bousset)로 대표되는 비교종교 학파는 모두 그리스도에게서 참된 신성을 박탈하고 그를 오직 인간 차원으로 축소시키고 있다는 점에서 이들 모두는 하나가 된 자들이다.[195]

특히, 현대 자유주의 신학파의 원조인, 아돌프 폰 하르낙(Adolf von Harnack, 1851-1930)은 자기만의 독특한 역사학적 방법으로 기독교와 복음의 참 본질을 탐색함으로서 여러 가지 논쟁을 불러오는 요소들을 내포하고 있다. 특히 그의 기독론에 있어서 더욱 그러하다고 말할 수 있다. 우선 하르낙의 기독론이 현대사회와 신학에서 어떠한 의미를 가질 수 있느냐는 질문에, 하르낙은 복음의 본질을 '인간 영혼의 무한한 가치'라든지 '더 나은 의와 사랑의 계명'으로 봄으로서 예수를 '도덕적 인간의 모범'으로 해석하여 대답하였다. 한 마디로 요약하면 하르낙에게는 기독론(基督論)이란 없

---

195) 첫째 자유주의 학파에서는 우리 주님을 단지 위대한 도덕적 스승으로, 둘째 종말론 학파에서는 묵시적 선지자로, 세 번째 비교종교 학파에서는 예수님을 승귀(昇貴)할 운명을 타고난 비할 데 없는 지도자로 정도로 인식한다. 그러나 칼케돈 회의에서 공식화되고, 우리의 표준적 신앙 고백서 속에 있는 그리스도의 신성의 교리는 성경의 말씀에 확고한 근거를 가진 교리인 것이다.

는 것과 같은 것이다.[196]

그 이유는 [하르낙의 기독론 사상]은 개혁주의의 기독론적 관점에서 볼 때 다음과 같은 세 가지의 심각한 신학적 오류와 문제점들을 가지고 있기 때문이다.

첫째, 하르낙은 "예수는 복음의 구성요소가 아니라, 복음의 인격적 실현자이자 능력이었다"고 주장하여. 성경의 진리를 정면으로 훼손시키는 결과를 가져 왔다(요5:39).[197]

둘째, "예수는 선지자의 한 사람이었다"고 주장하여 예수님을 구약의 선지자의 한 사람, 즉 도덕적인 종교의 실현가로 봄으로서 예수님의 신성을 부인하였다.

셋째, "예수 그리스도의 십자가의 죽으심과 부활은 구원론적인 의미와 무관한 것이다"라고 주장함으로서, 성경과 기독교의 핵심 가치체계인 '그리스도의 십자가의 대속과 부활 그리고 영생구원'의 기독교 근간의 전반적인 체계(System)를 심하게 훼손시켰다.

이러한 맥락을 개혁주의신학의 관점에서 보면 하르낙을 추종하는 현대 자유주의 학파는 명백히 이단적 신학사상을 가졌다고 말할 수 있다.[198]

아래에 제시된 [표 #1]은 고대, 초대교회(1-5C) 시대에 나타나 현대에 까지 그 영향을 미치고 있는 이단들의 그리스도의 신·인성 교리의 오류에 관한 내용을 정리한 것이다.

---

196) 서영곤, 「개혁주의 관점에서의 '기독교의 본질'에 관한 신학적 고찰」, 웨스트민스터신학대학원대학교, 신학석사(Th.M) 논문, p. 60.
197) [요5:39] "너희가 상경에서 영생을 얻는 줄 생각하고 성경을 상고하거니와 이 성경이 곧 내게 대하여 증언하는 것이니라"
198) 서영곤, Ibid., pp. 61-66.

에비온주의 (유대기독교) 1-2세기	아리안주의 (도성이신문제) 4-5세기	유티키안파 (유티케스) 5세기	네스토리안파 (안디옥학파) 5세기	아폴리나리우스주의 4-5세기	도케티주의 (영지주의) 1-2세기
신성 실제부인 †선재/성육신을 부인함	신성 완전성 부인 유사신성주장	신인 혼합 신성단일본성	신인 분리 양성이중인격	인성 완전성 부인	인성 실제부인 도성인신 부인
단일신론주의	아들(성자)는 단지 피조물에 불과	네스토리우스 반동함 신성이 인성을 흡수(혼합)	양성연합을 부인함	아리우스에 반대함(신성강조)	예수가 육체로 온 것은 실재가 아니라 외견상 환영(幻影)
이그나티우스 (35-107년경) 이레니우스 (97-147년)에게 저지당함	니케아회의 (325), 콘스탄티노플(381) 이단정죄	칼케톤(451년), 3차콘스탄티노플(681년)에서 이단정죄	에베소(431년), 3차콘스탄티노플(681년)에서 이단정죄	1차콘스탄티노플회의(381년)에서 이단정죄	2C초교부, [이그나시우스/이레네우스]에게 저지당함

① **에비온주의**: 신성의 실제성 부인(denied the reality of the divine).
② **도케티/영지주의(가현설)**: 인성의 실제성 부인(denied the reality of the human nature).
③ **아리안주의**: 신성의 완전성 부인(denied the integrity of the divine nature).
④ **아폴리나리우스주의**: 인성의 완전성 부인(denied the integrity of the human nature).
⑤ **네스토리안파**: 신·인분리 양성이인격
⑥ **유티키안파(Eutychianism)**: 신인혼합 단일본성(단성론)

「그리스도의 성육신과 신인성」
교리 관점에서의 서사라 목사 신학사상 평가

초판인쇄 : 2022년 9월 15일
초판발행 : 2022년 9월 20일

저 자 : 서영곤
펴 낸 이 : 최성열
펴 낸 곳 : 하늘빛출판사
출판등록 : 제 251-2011-38호
주소 : 충북 진천군 진천읍 중앙동로 16
연 락 처 : 043-537-0307, 010-2284-3007
이 메 일 : csr1173@hanmail.net
I S B N : 979-11-87175-32-2
가격 : 12,000원